Monika Gruhl

Die Strategie der Stehauf-Menschen

W0046426

Monika Gruhl

Die Strategie der Stehauf-Menschen

Resilienz – so nutzen Sie Ihre inneren Kräfte

HERDER

FREIBURG · BASEL · WIEN

2. Auflage 2009
© Verlag Herder GmbH, Freiburg im Breisgau 2008
Alle Rechte vorbehalten
www.herder.de

Umschlagkonzeption und -gestaltung:
Groothuis, Lohfert, Consorten | glcons.de
Umschlagmotiv: © Corbis

Satz: Layoutsatz Kendlinger
Herstellung: CPI – Clausen & Bosse, Leck

Gedruckt auf umweltfreundlichem, chlorfrei gebleichtem Papier
Printed in Germany

ISBN 978-3-451-29799-1

Inhalt

Einleitung

Wie viele Schwierigkeiten haben Sie schon überwunden, bis
Sie dahin kamen, wo Sie jetzt sind? Welche Hindernisse im
Alltagsleben haben Sie beiseite geräumt – einige davon wahrscheinlich immer wieder? Welche Schicksalsschläge haben Sie
vielleicht schon einstecken müssen und sich dann im Leben
neu orientiert? Welche Verluste haben Sie schon kompensiert?
Welche Krisen überwunden? Die Strategien, die Sie dazu genutzt haben und die Eigenschaften und Fähigkeiten, die Sie
dafür aktiviert haben, gehören zu Ihrem Repertoire an Resilienz. Mit Resilienz werden die inneren Kräfte bezeichnet, die
es uns ermöglichen, Krisen und Schwierigkeiten nicht nur zu
überwinden, sondern gestärkt daraus hervorzugehen.

Resilienz brauchen Sie im beruflichen Umfeld, wo sich für
viele Menschen der Druck erhöht – betriebsbedingte Kündi-
gungen nehmen zu, die Arbeitsbelastung steigt generell. Sie ist
wichtig im privaten Leben, wo Beziehungsprobleme oder fi-
nanzielle Einschränkungen den Stresspegel hochschnellen lassen. Und Resilienz ist unentbehrlich, wenn Sie einschneidende
Ereignisse wie Krankheit, Tod und andere schwerwiegende
Verluste verkraften müssen.

Ist Ihnen eigentlich bewusst, wie Sie es bisher geschafft haben, wenn Ihnen solche Schwierigkeiten begegnet sind? Welche Gedanken, Gefühle und Handlungen Sie dabei weiterge-

bracht und welche Sie blockiert oder zurückgeworfen haben? Die meisten Menschen können gar nicht so ohne Weiteres genau beschreiben, wie ihnen solche Siege gelungen sind. Und vielen gelingt es häufig nicht, ihre Strategien und Methoden gezielt auf Situationen zu übertragen, in denen sie aktuell stecken oder die auf sie zukommen können. Denn meistens denken und handeln wir unbewusst, besonders, wenn wir unter Stress stehen oder in Schwierigkeiten sind. Nicht selten machen wir uns sogar ein anderes Bild von unseren Vorgehensweisen, als es der Realität entspricht. Manche schaffen sich dabei ein Wunschbild; sie sind überzeugt, dass sie so reagieren, wie sie sich am liebsten sehen würden. Andere unterschätzen sich und machen sich und ihre Fähigkeiten kleiner, als sie in Wirklichkeit sind. Beide Vorstellungen hindern uns daran, unsere persönlichen Ressourcen wahrzunehmen, gezielt einzusetzen und systematisch zu entwickeln.

Ohne es bewusst anzustreben, trainieren Sie Ihre innere Stärke immer dann, wenn Sie sich den Aufgaben und Herausforderungen Ihres Lebens stellen. Doch Sie müssen die Weiterentwicklung und Stabilisierung Ihrer Resilienz keineswegs nur dem Zufall überlassen. Sie kann gezielt geübt, entwickelt und gefestigt werden. Wie, davon handelt dieses Buch. Es ist entstanden vor dem Hintergrund meiner Arbeit als Trainerin und Coach. Deshalb fließen auch Geschichten und Fragestellungen vieler Teilnehmerinnen und Teilnehmer mit ein. Die Fallbeispiele beschreiben keine real existierenden Personen, sie sind aus vielen in der Wirklichkeit vorhandenen Facetten zusammengesetzt. So sind sie gleichzeitig fiktiv und authentisch. Liebe Leserinnen, bitte fühlen Sie sich auch angesprochen, wenn ich im Folgenden nur die männliche Form verwende. Der einzige Grund dafür ist die bessere Lesbarkeit und sprachliche Einheitlichkeit.

Ihre Resilienz im Rahmen persönlicher Entwicklung gezielt zu stärken und zu vergrößern ist eine beachtliche persönliche Veränderungsinitiative. Indem Sie neue Gewohnheiten zu denken, zu fühlen, zu fragen und zu reagieren entwickeln, lassen Sie manche alten hinter sich. Dazu gehört, dass Sie sich selbst bewusst wahrnehmen und Ihre eigenen Bewältigungsstrategien realistisch einschätzen. Sie können dieses Bild von sich noch abrunden, indem Sie sich zusätzlich ein ehrliches Feedback von anderen holen. So erkennen Sie, welche Elemente von Resilienz Sie ausgeprägt haben, und welche Sie eher vernachlässigen. Diese können Sie dann gezielt üben und erweitern. Ein gut gepflegter Fundus an Bewältigungsstrategien ist die Grundlage für ein reiches und gelingendes Leben, was immer es für Sie bereithält.

Bei der Entstehung dieses Buches haben mich viele Menschen inspiriert und unterstützt, denen ich an dieser Stelle nicht allen namentlich danken kann. Erwähnen möchte ich aber meine Kolleg/inn/en vom Resilienzzentrum. Das Zentrum gegründet zu haben, Inhalte und Zusammenarbeit zu gestalten und es mit Leben zu füllen, ist ein Gemeinschaftsprojekt, das uns auf besondere Weise verbindet. Und wir können so viel miteinander lachen! Mit Hugo Körbächer lerne und lehre ich seit vielen Jahren gemeinsam, und wir haben zusammen das Resilienztraining konzipiert. Den vielen Teilnehmenden und Coachingkunden danke ich dafür, dass sie ihre Erfahrungen, ihr Erleben und ihre Gedanken mit mir geteilt haben. Meine Familie verdient Dank für ihre Nachsicht und ihr Verständnis während der intensiven Schreibphasen, Wolfgang außerdem für die vielen Vier-Sterne-Frühstücke an Wochenenden und Ferientagen.

Monika Gruhl

1. Resilienz – eine zentrale Kraft im Leben

Was ist Resilienz?

Krisen sind Angebote des Lebens, sich zu wandeln.
Man braucht noch gar nicht zu wissen, was neu werden soll;
man muss nur bereit und zuversichtlich sein.

Luise Rinser

Menschen streben nach einem glücklichen, erfüllten Leben, in dem sie Sinn finden, Werte verwirklichen, mit anderen in Beziehung stehen und persönlich wachsen und reifen. Entsprechend dieser Grundannahme der humanistischen Psychologie haben Wissenschaftler und Praktiker sich lange Zeit ausführlich damit befasst, was diese Bestrebungen einschränkt oder behindert. Der Schwerpunkt der Forschung in der Persönlichkeitspsychologie lag lange darauf zu untersuchen, unter welchen Bedingungen Störungen oder Fehlentwicklungen zustande kommen. Von daher befasste man sich in erster Linie mit Einflüssen, die zu Problemen und Turbulenzen führen oder führen können.

Pädagogische und psychologische Ansätze hatten also traditionell eher die Risikofaktoren im Blick, die Menschen in ihrer Entwicklung gefährden können. Eine Neuausrichtung dieser Konzepte lenkte schließlich die Aufmerksamkeit darauf, dass es Menschen gibt, die sich trotz einer Häufung so genannter Risikofaktoren sehr positiv entwickeln. Daraufhin hat man anhand von Studien zunehmend untersucht, welche Eigenschaften und Fähigkeiten sie ausgeprägt haben, um trotz ungünstiger Bedingungen zu gedeihen. Diese Stärke, die es Menschen offensichtlich ermöglicht, Lebenskrisen ohne *langfristige* Beeinträchtigung zu meistern, wird Resilienz genannt. Sie setzt sich zusammen aus unterschiedlichen Haltungen, Eigenschaften und Strategien, die beobachtet und beschrieben werden können. In den neunziger Jahren veröffentlichte die amerikanische Psychologin Emmy Werner zusammen mit Ruth Smith Ergebnisse und Schlussfolgerungen ihrer Langzeitstudie in Kauai auf Hawaii. Über 40 Jahre lang hatten die beiden Wissenschaftlerinnen heranwachsende Kinder beobachtet und begleitet, deren familiärer Hintergrund eine Vielzahl von Risikofaktoren für gutes Gedeihen aufwies – Gewalt in der Familie, Armut, niedriger Bildungsstand und andere. Dabei stellte sich heraus, dass gut ein Drittel der Kinder sich hervorragend entwickelten – trotz der vorhandenen Risiken und der damit verbundenen schlechten Prognosen. Sie hatten bestimmte Eigenschaften und Lebensstrategien, die es ihnen ermöglichten, an den schwierigen und problematischen Verhältnissen nicht zu zerbrechen, sondern daran zu wachsen.

Die Schlussfolgerung daraus ist, dass es nicht in erster Linie die Probleme, Schicksalsschläge oder Katastrophen selbst sind, die das Leben gelingen lassen oder nicht. Entscheidend für alle persönliche Entwicklung und ein gelingendes Leben ist die Art und Weise, wie Menschen diesen Widrigkeiten begegnen. Ob Sie an Krisen und Ungemach zerbrechen oder gereift und gestärkt daraus hervorgehen, hängt davon ab, wie resilient Sie sind. Wenn Sie es schaffen, mit den Problemen fertig zu werden, die sich Ihnen in den Weg stellen, so sind Sie schließlich in Ihrer Persönlichkeit gereifter als Sie es wären, wenn Sie diesen Problemen nie begegnet wären. Schmerzliche Erfahrungen können helfen, sich von unrealistischen Vorstellungen zu lösen und eingefahrene Gleise zu verlassen. In unabänderlichen Verlusterlebnissen können wir einen neuen oder noch verborgenen Sinn entdecken und schwierige Lebensbedingungen als besonderes Lernfeld betrachten.

Wörtlich bedeutet Resilienz „Elastizität". Sie wird auch als „Anpassungsfähigkeit" oder „Widerstandsfähigkeit" bezeichnet. Sie lässt Menschen wie ein Gummiband in ihren normalen Zustand zurückschnellen oder sich wie ein Stehaufmännchen immer wieder aufrichten, egal was ihnen widerfährt. Andere bezeichnen Resilienz als ein „seelisches Immunsystem". Auf dem Kongress „Resilienz – Gedeihen trotz widriger Umstände" 2005 in Zürich wird Resilienz definiert als „die Fähigkeit von Menschen, Krisen im Lebenszyklus unter Rückgriff auf persönliche und sozial vermittelte Ressourcen zu meistern und als Anlass für persönliche Entwicklung zu nutzen".[1] Dieser Ansatz versteht die Ausprägung von Resilienz als qualitativen Entwicklungsprozess von Individuen, der nicht nur die ursprüngliche Lage wiederherstellt, sondern sie überwindet.

Eine solche Entwicklung setzt voraus, dass wir Probleme, Leid und Schmerz nicht verdrängen, sondern aufmerksam wahrnehmen und annehmen, dass wir sie verarbeiten und in unsere persönliche Erlebnis- und Erfahrungswelt integrieren. Bei Menschen, die uns mit ihrer Weisheit oder Tiefgründigkeit beeindrucken – und das können durchaus auch jüngere Menschen sein – spüren oder erfahren wir oft, dass gerade ihre Schicksalsschläge und deren Verarbeitung zur Reife ihrer Persönlichkeit beigetragen haben. Und vielleicht können Sie auch in Ihrem eigenen Leben feststellen, dass gerade außergewöhnliche Schwierigkeiten und deren Überwindung Sie zu der Person gemacht haben, die Sie sind.

Wofür Sie Resilienz brauchen

Wo das Behagen aufhört und die Not beginnt,
da setzt die Erziehung ein, die uns das Leben geben will.
Hermann Hesse

Es kommt weniger darauf an, was Ihnen widerfährt im Leben, sondern vielmehr darauf, wie Sie mit dem umgehen, was Ihnen widerfährt. Resilienz spielt sich als ständiger Prozess ab, der Risiken und Widrigkeiten nicht eliminiert, sondern Ihnen hilft, besser damit umzugehen. Im engeren Sinn wird mit Resilienz die innere Stärke von Menschen beschrieben, die schwere Schicksalsschläge und außergewöhnliche Widrigkeiten überwunden haben.

Doch Resilienz brauchen Sie auch, wenn Ihnen solche traumatischen Geschehnisse in Ihrem bisherigen Leben erspart geblieben sind. Widrigkeiten und Krisen gehören nun einmal zum Leben dazu. Die meisten Menschen müssen im Lauf ihres Lebens mit körperlichen, seelischen oder geistigen Störungen oder Beeinträchtigungen bei sich selbst oder in ihrem Umfeld zurechtkommen. Wenn Ihr Partner ernsthaft erkrankt oder Ihre Tochter eine Angststörung entwickelt, sind Sie auch gefordert, diese Situation für sich selbst zu bewältigen. Resilienz ist nicht nur ein Schutz gegen die Möglichkeit, unvorstellbarem Leid ausgesetzt zu sein. Sie ist eine grundsätzliche Geisteshaltung, die auch in allen Aspekten des gewohnten Alltagslebens dienlich ist. Sie bietet bei einmaligen einschneidenden Ereignissen im Leben wie auch bei immer wiederkehrenden alltäglichen ein Reservoir an emotionaler Stärke und praktischen Fähigkeiten.

Nicht nur die unvorhersehbaren Veränderungen und Umbrüche haben großen Einfluss auf unser Leben und unsere persönliche Entwicklung, auch die so genannten „normativen Krisen"[2] spielen hier eine Rolle. Das sind vorhersehbare Wendepunkte im Leben wie Pubertät, Heirat beziehungsweise der Beginn einer Partnerschaft, das Ende der Berufstätigkeit. An ihnen wird deutlich, wie unerlässlich es für jeden ist, sich immer wieder an neue Lebensumstände anpassen zu können. Wir müssen Vertrautes aufgeben. Wir müssen unser Selbstbild oder unsere persönlichen Lebensziele korrigieren. Lieb gewordene Beziehungen enden und andere werden neu geknüpft. Neue Belastungen verlangen die Aktivierung neuer Ressourcen. Daher ist die Entwicklung von Resilienz nie abgeschlossen.

Sie ist also keine feste Größe oder einmalige Errungenschaft, sondern ein lebenslanger Prozess. Keiner kann vorhersagen, wer welchem Druck ausgesetzt sein wird oder welche Ereignisse wen besonders hart treffen. Auch wenn Sie ein weitgehend sorgenfreies Leben führen, können unerwartete Situationen Sie jederzeit an Ihre körperlichen, mentalen und seelischen Grenzen bringen. Resilienz ist nicht in erster Linie als Absicherung gegen die Möglichkeit unfassbar tragischer Krisen zu begreifen. Emmy Werner versteht Resilienz als eine *Reservefähigkeit*, die jeder Mensch braucht. Sie ermöglicht Ihnen, auf künftige Schwierigkeiten vorbereitet zu sein, und aktiviert Ihr Potential für Veränderung und lebenslange persönliche Entwicklung. Eine resiliente Grundhaltung nützt Ihnen in allen Aspekten des Alltagslebens, in all Ihren Rollen und Funktionen und in allen Interaktionen mit anderen. Indem Sie Ihre Resilienz stärken, schaffen Sie sich Bewältigungsreserven, ein Polster für schlechtere Zeiten.

Wie Resilienz funktioniert

> *Hindernisse machen uns groß.*
> André Chénier

Wie reagieren Sie auf unerwartete Ereignisse oder Änderungen? Schmieden Sie umgehend neue Pläne, lenken Sie sich ab, akzeptieren Sie das Unvermeidliche oder resignieren Sie schnell?

Diese „Vorlieben" zeigen, ob Ihr Spektrum von Bewältigungsstrategien eher konstruktive oder eher schlecht angepasste Möglichkeiten aufweist. Sie können eine Veränderung als Herausforderung betrachten, als eine Bedrohung oder als eine neue Möglichkeit. Wie Sie eine Erfahrung wahrnehmen, beeinflusst wiederum, wie Ihre Reaktion ausfällt. Die gute Nachricht: Sie können sowohl Ihre Wahrnehmung als auch Ihre Erwartungen und Reaktionen steuern.

Es ist also nicht so, dass Sie Resilienz haben oder nicht haben – sie ist ein lebenslanger aktiver Prozess, der sich zwischen Ihnen und Ihrer Umwelt abspielt. Es ist die unzureichende Verarbeitung von negativen Erfahrungen, Einschränkungen und Belastungen, die zu Problemen und unangepassten Reaktionen führt, es sind nicht die Ereignisse oder Vorfälle an sich. Sich erfolgreich anpassen zu können ist eine Kernfähigkeit der Lebensbewältigung. Menschen werden im Leben immer wieder mit unberechenbaren Ereignissen konfrontiert, bei denen sie mit ihrem gewohnten Verhaltensprogramm an ihre Grenzen stoßen. Es lässt sich nie mit Sicherheit vorhersagen, welche Herausforderungen für den Einzelnen seine resilienten Fähigkeiten in besonderem Maß erfordern. Es kann sein, dass jemand seine Arbeitslosigkeit ausgezeichnet bewältigt und drei Jahre später den Boden unter den Füßen verliert, weil seine Frau ihn verlässt – oder umgekehrt. Einige Situationen verlangen mehr Resilienz als andere, und manche Menschen brauchen sozusagen jedes Gramm.

Die persönliche Grundausstattung an Resilienz entsteht in der Wechselwirkung zwischen genetischer Anlage und Einflüssen der Umgebung. Menschen unterscheiden sich aber nicht nur in ihren Anfangstalenten, sondern auch in ihrer Fähigkeit, Resilienz zu steigern. Einzelne Schutzfaktoren werden mehr oder weniger stark ausgeprägt. Bestimmte Eigenschaften zu entwickeln, fällt dem einen schwerer als dem anderen; manchmal erscheint der ganze Prozess mühsam und beschwerlich. Wenn wir unsere Muskeln und unseren Kreislauf nicht trainieren, geraten wir schon bei leichter körperlicher Bewegung aus der Puste oder bekommen Muskelkater, größere Anstrengungen überfordern uns schnell. Mit Resilienz ist es genauso. Wer seine Denk- und Verhaltensgewohnheiten nicht immer wieder überprüft und trainiert, wird schon von Kleinigkeiten aus der Bahn geworfen und hat sogar Probleme, seine vorhandenen Fähigkeiten zu aktivieren. Das Training ist nie abgeschlossen. Doch es zahlt sich aus. Sie werden im Lauf der Zeit fähiger, die Wechselfälle des Lebens zu bewältigen. Sie werden besser darin, vorauszudenken, aufzunehmen, sich anzupassen, Wechsel zu integrieren. Jeder profitiert davon, seine Resilienz zu stärken, egal, wie intelligent, reich oder verwöhnt er ist.

Was Resilienz für Sie und Ihr Leben bedeutet

> *Die Dinge sind nie so, wie sie sind.*
> *Sie sind immer das, was man aus ihnen macht.*
> Jean Anouilh

Wie resilient sind Sie? Wo haben Sie erlebt, dass Sie resilient waren? Oder es gerne gewesen wären? In welchen aktuellen Situationen konnten Sie (mehr) Resilienz gebrauchen? Was könnte auf Sie zukommen?

Resilient zu sein heißt nicht, dass Sie frei sind von Stress und Druck, von Konflikten und Widrigkeiten, sondern dass Sie mit diesen Problemen erfolgreich umgehen können, wenn sie auftauchen. Resiliente Menschen erleben nicht weniger Ängste und Unsicherheiten als andere, wenn sie mit einschneidenden Ereignissen konfrontiert werden, sie lassen sich nur nicht davon überwältigen. Sie verfügen über wirksame Methoden, wieder ins Gleichgewicht zu kommen.

Im Prinzip bedeutet Resilienz, nach Turbulenzen die Kontrolle wiederzugewinnen. Diesen Anpassungsprozess durchläuft jeder Mensch auf seine eigene Art und Weise. Resilienz beschleunigt die Anpassung, indem sie ungünstige und problemverschärfende Verhaltensweisen minimiert und die innere Balance wiederherstellt. Sie können Resilienz erlernen und trainieren, indem Sie sich resiliente Geisteshaltungen,

Denk- und Verhaltensgewohnheiten zu eigen machen. An kleinen Herausforderungen lässt sich exemplarisch lernen und üben, wie man große Krisen meistert. Die sieben Resilienzfaktoren bilden die entscheidenden Bausteine für Ihr persönliches Krisenmanagement. Wenn Sie diese Schutzfaktoren in jeweils passender Kombination nutzen, haben Sie eine starke Kraft für Ihre persönliche Entwicklung zur Verfügung: für die Fähigkeit, zurückzufedern, sich den Veränderungen anzupassen und Neues zu integrieren.

Wie wichtig Resilienz im Alltag ist, zeigt sich auch daran, dass immer mehr Menschen an Angststörungen, Depressionen und Schlafstörungen leiden, weil sie steigendem Dauerstress ausgesetzt sind. Wer resilient ist, kann Veränderungen und Umbrüche generell besser bewältigen – und wir müssen gesamtgesellschaftlich zunehmend mit Ungewissheit, Unbeständigkeit und Kurzlebigkeit zurechtkommen. Aber nicht nur zur Lebensbewältigung ist Resilienz zentral, sie ist darüber hinaus auch eine Kernkompetenz der bewussten Lebensgestaltung und persönlichen Entwicklung. Resiliente Menschen sind nicht nur in der Lage, Schwierigkeiten zu „managen", sondern es gelingt ihnen, gerade im Überwinden dieser Schwierigkeiten Stärken zu entwickeln und als Persönlichkeit zu reifen. Das ist verbunden mit beständiger innerer Arbeit.

Wichtig dabei: Resilienz heißt ganz und gar nicht, „immer stark" zu sein. In schweren Krisen sind zeitweilig Zusammenbruch, Verzweiflung und Desorientierung angemessen und sogar heilsam. Sie sind eine Voraussetzung, um Wiederherstellung und Erneuerung in ihrer ganzen Tiefe und Tragweite zu erleben. Erst dadurch wird die Krise wirklich verarbeitet, werden die neuen Aspekte integriert. Kurz gesagt: Gerade durch die Krisenerfahrung kommt der Zuwachs an Resilienz. Mit der Art der Verarbeitung entscheiden Sie darüber, ob Sie eine Erschütterung übergehen, sie lediglich überstehen oder gestärkt daraus hervorgehen. Resilient zu sein bedeutet mehr als nur mit dem Dasein zurechtzukommen und sein Leben unter

Schadensbegrenzung irgendwie zu bewältigen. Es bedeutet, zu gedeihen und seinen Weg zu finden. Es bedeutet, immer wieder die Steine auf diesem Weg zu überwinden und daraus Vitalität, Stärke und Lebensmut zu ziehen.

Ein resilienter Lebensstil durchzieht alle Lebensbereiche: Arbeit, Privatleben, Familie, Freunde, Teams. Ein Mangel in einem dieser Felder greift auf die anderen über. Ebenso wirkt sich die Erfahrung, eine Herausforderung in einem Bereich zu meistern, auf Ihre gesamte Lebensqualität aus. Sie sind der Architekt für die Balance in Ihrem Leben, die Balance zwischen den Resilienzfaktoren und die Balance zwischen sich ständig ändernden Umständen und Prioritäten.

2. Resilienz – ein systemisches Konzept von Eigenschaften und Fähigkeiten

2.1 Die drei Grundhaltungen

Verschiedene Studien[3] zeigen, welche Schutzfaktoren Resilienz ausmachen. Als wesentliche Bestandteile lassen sich sieben Faktoren beschreiben, die sich wechselseitig beeinflussen. Resiliente Menschen zeichnen sich durch eine effiziente Kombination von Eigenschaften aus, die auf drei Grundhaltungen beruhen: Optimismus, Akzeptanz und Lösungsorientierung.

Optimismus

> *Mitten im Winter habe ich erfahren,*
> *dass es in mir einen unbesiegbaren Sommer gibt.*
> Albert Camus

Wenn Sie vor einer schwierigen Aufgabe stehen, worauf richten Sie automatisch Ihre Aufmerksamkeit? Geht Ihnen eher durch den Kopf, welche Probleme sie mit sich bringt und welche Konsequenzen folgen könnten, wenn Sie nicht damit fertig werden? Belasten Sie sich mit Gedanken an Ihre Unerfahrenheit mit dieser speziellen Anforderung? Oder denken Sie zuerst daran, was Sie an dieser Aufgabe reizt? Geht Ihnen durch den Sinn, wie viele Probleme Sie schon gelöst haben? Machen Sie sich bewusst, was der Lohn ist, wenn Sie es schaffen?

Optimisten und Pessimisten unterscheiden sich in der Art und Weise, wie sie sich selbst, andere Menschen und die Welt sehen, fühlen und erleben. Wenn Probleme auftauchen, aktivieren Optimisten automatisch ihre Strategien für Krisenmanagement, während Pessimisten sich auf die desolaten Anteile der Situation und mögliche kommende Schwierigkeiten konzentrieren. Der Optimismus resilienter Menschen entsteht aus einer positiven Weltsicht und einem positiven Selbstkonzept.

Positive Weltsicht

Dein Leben ist das, was deine Gedanken daraus machen.
(Marc Aurel)

Wie sehen Sie Ihre Umgebung? Wie ist Ihre grundsätzliche Haltung gegenüber anderen Menschen? Was erwarten Sie von der Zukunft?

Resiliente Menschen sehen ihre Umgebung, ihre Mitmenschen, die Wirkungszusammenhänge eher in einem optimistischen Licht. Wenn die Umstände nicht so sind, wie sie es sich vorstellen, suchen sie nach dem Guten im Schlechten. Neue Situationen und Gegebenheiten betrachten sie vor allem als unerwartete Chancen, Gedanken an zukünftige Möglichkeiten geben ihnen einen Energieschub. Rückschläge oder Enttäuschungen buchen sie zumindest im Nachhinein als Erfahrungen ab, die sie weiterbringen. Mit welcher Grundhaltung wir auf die Welt schauen und auf die Menschen in unserer Umgebung zugehen, wirkt wie ein Sieb für unsere Wahrnehmung. Aus ein und derselben Situation filtern wir ganz unterschiedliche Aspekte heraus. Wir sehen, hören und verarbeiten bevorzugt die Anteile, die wir erwarten und die unsere Vorannahmen bestätigen.

Patrick und Sven sind befreundete Bereichsleiter in einer Pflegeeinrichtung. Beide sind davon ausgegangen, dass sie so lange in ihrer Funktion bleiben, bis sie weiter aufsteigen oder in Rente gehen. Als ein neuer Träger die Einrichtung übernimmt, fällt die Entscheidung, die beiden Abteilungen zusammenzulegen. Patrick gelingt es schnell, dieser Konstellation etwas Positives abzugewinnen. Da er als Optimist seine größte Aufmerksamkeit automatisch auf die Chancen der neuen Gegebenheiten richtet, fallen ihm etliche Vorteile und Gestaltungsmöglichkeiten ein. „Vielleicht können wir uns die Leitung teilen, dann könntest du deine Weiterbildung machen und ich ein paar Sonderaufgaben übernehmen. Oder die Aufgaben werden ganz anders zugeschnitten, dann hätten wir Gelegenheit, unsere verschiedenen Interessen und Fähigkeiten ins Spiel zu bringen. Ist doch auch schön, wenn man wieder mal was Neues anfangen kann." Sein Kollege Sven dagegen ist regelrecht gelähmt, weil er sich in seinen schlimmsten Befürchtungen bestätigt sieht: „Sie werden uns beide gegeneinander ausspielen, und unsere Freundschaft geht den Bach runter! Und die Kollegen werden ihren Frust an uns auslassen." Durch seine negative Weltsicht fließt seine Energie in Richtung Grübeln, Sorgen und Vermeiden. Das bestätigt und verstärkt wiederum seine negative Wahrnehmung und erstickt Lösungsideen im Keim. Optimisten suchen auch in schwierigen Situationen nach positiven Aspekten, die darin enthalten sind: mindestens eine Herausforderung, an der sie wachsen können. Menschen mit einer positiven Weltsicht sind häufiger gut gestimmt. Das setzt mentale Energien frei und bringt sie auf kreativere Lösungen. Wie eine Person ein Ereignis wahrnimmt, sagt mehr über die Person aus als über die Situation an sich.

Positives Selbstbild

Es gibt kein Glück ohne den Glauben, dass wir es auch verdienen. (Joseph Joubert)

Wie denken Sie über sich selbst? Was trauen Sie sich zu? Bringen Sie sich selbst Respekt und Wertschätzung entgegen? Sprechen Sie sich selbst in schwierigen Zeiten Mut zu? Oder werten Sie sich und Ihre Fähigkeiten in Gedanken und Selbstgesprächen ab?

Resiliente Menschen sehen sich selbst positiv. Diese Vorstellung beruht auf dem grundsätzlichen Selbstvertrauen, dass sie Fähigkeiten mobilisieren und Rückschläge verkraften können. Auf der Grundlage dieses positiven Selbstbildes glauben sie sich gerüstet, mit den Wechselfällen des Lebens fertig zu werden. Ihr Selbstwertgefühl ist im Kern weitgehend unabhängig von äußeren Einflüssen. Schicksalsschläge oder Misserfolge führen sie nicht in erster Linie auf eigenes Versagen oder persönliche Unzulänglichkeiten zurück. Patrick ist überzeugt, dass er die neue Situation meistern kann. Er geht davon aus, dass er gegebenenfalls lernen kann, was er dazu braucht, und dass er dabei auf Hilfe und Unterstützung zählen kann. Auch wenn sie vorübergehend Enttäuschungen, Leid und Frustration ertragen müssen, fühlen Optimisten sich nicht auf Dauer hilflos ausgeliefert. Patrick ist überzeugt, dass er sowohl auf seine Kollegen und Vorgesetzten als auch auf die Entwicklungen in der Einrichtung zumindest teilweise Einfluss nehmen kann. Sven dagegen versucht erst gar nicht, seine Probleme aktiv anzugehen und Lösungsmöglichkeiten durchzuspielen. Gerade dadurch vermindert er seine Fähigkeiten, sich an die neuen Gegebenheiten anzupassen und die damit verbundenen Widrigkeiten zu überwinden. Menschen mit einem negativen Selbstbild deuten Schwierigkeiten oder Rückschläge oft als Beweis für ihre eigene Unfähigkeit oder Minderwertigkeit. Wer hingegen fest davon überzeugt ist, dass er es trotz aller Unsicherheiten und Unwägbarkeiten schaffen kann, ist viel eher bereit, erste kleine Schritte zu gehen, und erfährt dadurch Schubkraft für die nächsten, vielleicht schwierigeren Phasen.

Ein optimistisches Selbstbild zu haben ist nicht gleichzusetzen mit unkritischer Selbstüberschätzung. Resiliente Menschen bagatellisieren ihre Unzulänglichkeiten nicht und leugnen nicht, dass ihre Fähigkeiten und Möglichkeiten nicht unbegrenzt sind. Doch sie glauben an ihre Selbstwirksamkeit[4]: Sie sind überzeugt, dass sie ihre Probleme lösen und ihr Leben meistern können. Weder machen sie sich klein und geben sich selbst die Schuld am Lauf der Dinge, noch fühlen sie sich persönlich gekränkt oder vom Schicksal benachteiligt. Sie erwarten nicht von sich, alles wissen und können zu müssen, sondern machen sich ihre individuellen Stärken bewusst. So schaffen sie sich „Kompetenzinseln"[5], die sie beständig vergrößern und vermehren. Dass sie sich deren bewusst und zu Recht stolz darauf sind stärkt wieder ihr positives Selbstbild.

Realistischer Optimismus

Inmitten der Schwierigkeiten liegen die Möglichkeiten.
(Albert Einstein)

Resiliente Optimisten machen sich ein sehr klares Bild von ihrer Lebenssituation: Sie konzentrieren sich auf das Positive, ohne dabei die Schwierigkeiten aus dem Blick zu verlieren. Damit unterscheidet sich resilientes Denken vom so genannten positiven Denken, das missliche Tatsachen ignoriert und Unangenehmes verdrängt. Der Optimismus resilienter Menschen ist weder Wunschdenken noch blinde Vertrauensseligkeit oder ein Ignorieren der Realitäten. Er beruht auf der Überzeugung, dass das Leben im Ganzen gesehen mehr Gutes als Schlechtes bereithält und auf der Gewissheit, dass in nahezu jeder Schwierigkeit ein verborgener Gewinn steckt. Wir müssen nur die Fähigkeit entwickeln, ihn zu finden.

Resiliente Menschen halten den Prozess *vom naiven zum fundierten Optimismus*[6] durch. Sicher haben Sie auch schon erlebt, dass Sie schwungvoll mit neuen Vorsätzen gestartet sind, dann aber gemerkt haben, wie mühsam es ist, das Ganze wirklich durchzuziehen. Dann werden neue Wege häufig resigniert abgebrochen, oder das Vorhaben verläuft stillschweigend im Sande. Wenn bei der Umsetzung von Vorhaben und Vorsätzen der anfängliche Enthusiasmus durch neue Informationen oder unerwartete Schwierigkeiten erlahmt, entwickeln resiliente Menschen ein realistisches Verständnis für ihr Vorhaben, die Rahmenbedingungen und die Konsequenzen. Sie suchen praktikable Lösungswege und angemessene Erfolgsstrategien. So entsteht ein *fundierter Optimismus*, das bedeutet Zuversicht und Vertrauen auf einen guten Ausgang im Bewusstsein der damit verbundenen Mühen und Schwierigkeiten. Resiliente Menschen entwickeln und erweitern beständig ihre Möglichkeiten, zu einem positiven Ausgang beizutragen.

In komplexen Situationen hilft eine *leichte* Tendenz zur Selbstüberschätzung, um Wagnisse einzugehen, neue Erfahrungen zu machen, Grenzen zu überschreiten und dazuzulernen. Wer immer versucht, *alle* riskanten oder problematischen Einzelheiten, die mit einer Entscheidung verbunden sind, zu bedenken und einzukalkulieren, wird sich auf viele grundsätzlich positiven Vorhaben gar nicht einlassen können. Resiliente Optimisten glauben fest daran, dass sie die Fähigkeiten haben oder erwerben können, die sie im Fall des Falles brauchen, um mit den unvermeidbaren Hürden umzugehen. Das motiviert sie dazu, offen zu sein für unterschiedliche Lösungsansätze und sich für einen positiven Verlauf anzustrengen. Sie wissen, dass Anstrengung nötig ist. Das ist der konstruktive Unterschied zu einem ungezügelten Optimismus, der gravierende Risiken und Bedrohungen, auf die man sich vorbereiten könnte und müsste, einfach ignoriert.

Zusammenfassung:

Resiliente Menschen schenken besonders den positiven Aspekten ihrer Umgebung ihre Aufmerksamkeit, ohne jedoch Probleme, Gefahren und Risiken zu ignorieren. Weil ausgeprägt negative Sichtweisen unsere Wahrnehmung für Positives einschränken und „vergiften", ist es für die Stärkung von Resilienz wichtig, eine positive Weltsicht zu entwickeln und zu festigen.

Menschen mit einem negativen Selbstbild nehmen Fehlschläge leicht persönlich. Sie glauben, dass diese nur ihnen widerfahren und führen das auf ihre eigene Minderwertigkeit zurück. Menschen mit einem positiven Selbstkonzept dagegen ist bewusst, dass viele Vorfälle gar nichts mit ihnen persönlich zu tun haben, sondern vielen anderen auch passieren oder passieren könnten. Ein negatives Selbstbild macht defensiv und hoffnungslos. Es hält uns davon ab, die Bewältigung von Schwierigkeiten in Angriff zu nehmen, und geeignete Fähigkeiten zu erlernen.

Realistische Optimisten hoffen auf einen positiven Ausgang und arbeiten aktiv darauf hin, statt davon auszugehen, dass sich glückliche Umstände immer von selbst ergeben. Sie gehen nicht naiv davon aus, dass die Dinge automatisch und ohne jedes Zutun eine positive Wendung nehmen. Resiliente Menschen freuen sich, wenn das geschieht, sind aber auch bereit, das ihre zu tun, um die entsprechenden Rahmenbedingungen zu schaffen und gewünschte Ergebnisse hervorzubringen.

Wege zu mehr Optimismus: s. Kap. 4.1, S. 115.

Woran Sie fehlenden Optimismus erkennen

So wie wir eingeschliffene Verhaltensweisen lernen, die wir nach Bedarf „abspulen" können, so entwickeln wir auch Denkgewohnheiten, die automatisiert ablaufen und uns nicht bewusst sind. Auf bestimmte Reize, zum Beispiel Ereignisse oder Verhaltensweisen anderer Menschen, reagieren Sie unwillkürlich: Ihnen schießen ganz bestimmte vertraute Gedankenmuster durch den Kopf. Diese wirken sich unmittelbar auf Ihre Befindlichkeit aus; mit Ihren Gedanken können Sie sich lähmen, beruhigen oder motivieren. Unsere Gedanken und unsere Sprache sind Signale, die unsere innere Einstellung widerspiegeln.

Dauer und Wechsel: „Nach Sonne kommt *immer* Regen."
Pessimistische Menschen erinnern sich und andere immer wieder daran, dass die guten Zeiten und die glücklichen Momente vorbeigehen. Sie neigen dazu zu vergessen, dass dieser Satz auch umgekehrt gilt. Ihre vorherrschenden Gedanken an den Wechsel zum Schlimmeren beeinträchtigen auch ihre glücklichen Momente. In der Krise dagegen fühlen sie sich bestätigt, dass sie es schon vorher gewusst (und gesagt) haben. Sie können sich nicht damit aufbauen, dass wieder bessere Zeiten kommen.

Verallgemeinerung: „*Alles* ist verloren."
Pessimistische Menschen verallgemeinern Fehlschläge und Misserfolge. Wenn sie in einem Fall eine Enttäuschung oder Niederlage hinnehmen müssen, übertragen sie diese Erfahrung auf weitere Bereiche oder schreiben sie für alle Zeiten fest. Indem sie davon ausgehen, dass ihnen Ähnliches immer wieder passieren wird, schaffen sie durch ihre Erwartungen die Voraussetzungen dafür, dass es auch so kommt.

Persönliche Zuschreibung: „Das passiert nur *mir*.“

Pessimistische Menschen suchen die Ursache für Fehlschläge und Misserfolge bei sich selbst. Indem sie alles ihrer eigenen Unzulänglichkeit, Minderwertigkeit oder ihrem Pech zuschreiben, blenden sie aus, dass andere ebenso betroffen sind, aber ganz anders darauf reagieren. Da sie sich in der Regel wenig in andere hineinversetzen oder unvoreingenommenes Interesse zeigen an dem, was andere bewegt, nehmen sie gar nicht wahr, mit welchen Schwierigkeiten andere zu kämpfen haben.

Akzeptanz

> *Alle Dinge geschehen aus Notwendigkeit.*
> *Es gibt in der Natur kein Gutes und kein Schlechtes.*
> Spinoza

Wie reagieren Sie, wenn die Dinge nicht so laufen, wie Sie es sich vorstellen? Was löst es bei Ihnen aus, wenn Sie von anderen Menschen enttäuscht sind? Welche Haltung haben Sie gegenüber Unglück, das Ihnen widerfahren ist oder widerfährt? Was geht in Ihnen vor, wenn Sie an Ihre Grenzen stoßen?

Resiliente Menschen wissen und akzeptieren, dass Unglück, Enttäuschung und Widrigkeiten zum Leben gehören und dass sich diese weder vermeiden noch spurlos beseitigen lassen. Andere lehnen sich auf gegen Umstände, auf die sie keinen Einfluss haben, oder hadern dauerhaft damit, dass sich die Dinge anders als erwünscht entwickelt haben. Mara trauert noch als Fünfzigjährige einem verpassten Studium hinterher. Ralf grübelt, ob er nicht eine entscheidende Karrierechance versäumt hat, und will sich nicht damit abfinden, dass seine Kinder andere Lebenspläne verfolgen, als er vorgesehen hat. Menschen mit einer akzeptierenden Grundhaltung hingegen nutzen ihre mentale und emotionale Energie dafür, unabänderliche Gegebenheiten konstruktiv zu verarbeiten und in ihr Leben zu integrieren. Bei einschneidenden und schwerwiegenden leidvollen Erfahrungen nehmen sie sich ausreichend Zeit wahrzunehmen, was geschehen ist, und auch Zeit, sich nach und nach der veränderten Realität anzupassen. Akzeptanz bedeutet nicht, sich fatalistisch in alles zu fügen. Akzeptanz heißt, sich Schritt für Schritt der Wirklichkeit zu öffnen, um sie zu begreifen und anzunehmen. Danach gilt es zu überlegen, wie man weiter gehen will. Sowohl Ereignisse als auch Fähigkeiten und Eigenschaften enthalten immer positive *und* negative Anteile. Wenn wir dies anerkennen, statt einen Teil abzulehnen oder aus unserem Bewusstsein zu verdrängen, können wir die verschiedenen Seiten zumindest vorübergehend integrieren. Dass sie nicht studieren konnte, ist für Mara vielleicht eine große Enttäuschung gewesen, doch es hat auch ihren Wissensdurst und ihr Interesse an akademischen Fragestellungen wachgehalten. Dass Ralf die Möglichkeit nicht wahrgenommen hat, für seine damalige Firma ins Ausland zu gehen, hat viel zur guten Verwurzelung seiner ganzen Familie beigetragen. Dass sein Sohn weder ein Studium noch einen Auslandsaufenthalt ins Auge fasst, obwohl Ralf ihm das gerne ermöglichen würde, zeigt auch, mit wie viel innerer Unabhängigkeit dieser sein Leben gestaltet.

Manchen Menschen fällt es schwer, Mehrdeutigkeit und Vielschichtigkeit zu akzeptieren. Sie fühlen sich durch Ungewissheit beeinträchtigt und verunsichert. Um doch noch eindeutige, sichere Antworten zu bekommen, betrachten sie die Welt durch Entweder-oder-Filter. Sven ist überzeugt, dass seine Freundschaft zu Patrick dem Konkurrenzdruck zum Opfer fällt, wenn nicht beide Abteilungen erhalten bleiben. Da die Zusammenlegung aber nicht mehr abzuwenden ist, gibt es für ihn nur die zweite Möglichkeit. Dass er seine Befürchtungen als absolut betrachtet, hindert ihn daran, sich auf die neue Situation einzustellen und seine Gestaltungsspielräume auszuloten. Patrick geht hingegen davon aus, dass die unge-wollte Zusammenlegung auch neue Möglichkeiten eröffnet, die noch gar nicht alle greifbar sind. Sich in unklaren Umge-bungen effizient zu bewegen, verlangt einen hohen Grad an Kreativität und Vorstellungsvermögen. Man muss unter-schiedliche Perspektiven einnehmen und verschiedene Strate-gien einsetzen können. Das Bedürfnis nach Eindeutigkeit oder „klaren Verhältnissen" kann sich nicht nur Veränderungspro-zessen in den Weg stellen. Auch in der Beziehung zu anderen Menschen ist es eine grundlegende Voraussetzung für Resi-lienz, Mehrdeutigkeit akzeptieren zu können.

Geduld

Das Geheimnis des Glücks liegt nicht darin, das zu tun, was man liebt, sondern das zu lieben, was man tut. (J. M. Barrie)

Was bedeutet es für Sie, zu warten? Wie schnell wollen Sie Er-gebnisse haben oder Erfolge sehen? Wofür nehmen Sie sich wirklich Zeit? Was darf für Sie dauern? Wann haben Sie zuletzt etwas lange Zeit herbeigesehnt?

Akzeptanz ist ein Prozess. Sie ist die Frucht einer oft mühsa-men Auseinandersetzung mit ungewollten Realitäten, die ihre Zeit braucht. Uns diese Zeit zu nehmen und sie anderen zu gönnen erfordert Geduld. Geduld ist keine passive Dulderhal-tung, kein unbeteiligtes Aussitzen. Geduld ist eine „Warte-kraft", eine aktive und bewusste Entscheidung dafür, dem Werden und der Entwicklung den nötigen Raum zu geben.

Geduld setzt die Zuversicht voraus, dass Dinge sich auch ohne unser drängendes Zutun neu ordnen. Geduld vertraut darauf, dass in einer Situation und in Menschen immer mehr steckt, als wir in einem Augenblick erfassen können. Akzep-tanz gepaart mit Optimismus schließt Geduld als „Kunst des

Herzens" ein. Ihre Frucht ist die Zuversicht, etwas zu finden, was (noch) verborgen ist. Sicher haben auch Sie schon die Erfahrung gemacht, dass sich Ihnen erst im Nachhinein erschlossen hat, welche Bedeutung bestimmte Ereignisse für Sie hatten und welche Konsequenzen sich letztlich daraus ergeben haben. Als Anne mit knapp vierzig Jahren von einem Tag auf den anderen Witwe wird, erschüttert sie das nicht nur persönlich. Sie hat sich in ihren Interessen und Plänen immer nach ihrem Mann gerichtet und sich auf seine Initiative verlassen. Heute, mit sechzig, sagt sie, dass sie durch seinen frühen Tod ganz neue Seiten an sich entdeckt und entwickelt hat. Das Vertrauen in einen größeren Sinnzusammenhang[7], auch wenn ich ihn noch nicht entdecken kann, weckt die Bereitschaft, guten Mutes und gelassen darauf zu warten. Mit Geduld gelangen wir auch an verborgene Schätze. Wir können lernen, es als vorläufig zu betrachten, wenn wir Geschehnisse nicht verstehen und ablehnen, als normalen Teil eines Prozesses, in dessen Verlauf sich Akzeptanz entwickeln kann.

Dass wir nicht alles vorhersehen und absehen können, ist auch ein Geschenk. Und es liegt eine Chance darin: Erst wenn etwas zu Ende geht, fängt etwas anderes an. Um diese Chance wahrnehmen zu können, müssen wir die Situation aber zuerst akzeptieren, wie sie ist. Marlene sehnt sich sehr nach einem Partner, mit dem sie sich ein gemeinsames Leben vorstellen kann. Sie schwankt seit einiger Zeit zwischen Andreas und Stefan. Andreas ist ein netter Kumpel, der aber immer wieder viel Zeit für sich alleine oder mit seinen Sportfreunden verbringt. Stefan kann sehr romantisch und aufregend sein, doch findet Marlene ihn zeitweise auch anspruchsvoll und anstrengend. Mit beiden versucht sie immer wieder Kompromisse, um ihre Vorstellungen vom Zusammenleben anzugleichen. Gleichzeitig fragt sie sich immer öfter, ob sie zu hohe Ansprüche stellt oder warum sie sich nicht entscheiden kann. Sie hat das Gefühl, dass im Grunde keiner von beiden für sie der Richtige ist, will sie aber nicht aufgeben, ohne „etwas Besseres" gefunden zu haben. Erst als sie sich schließlich – mit mulmigem Gefühl – durchringt, die Beziehung zu beiden zu beenden und sich auf ein Leben als Single einzustellen, lernt sie drei Monate später Markus kennen und lieben. Für beide gibt es keinen Zweifel, dass sie zusammenpassen. Statt in einer Krise sofort zu überlegen „Was kann ich tun?", verlangt Akzeptanz zuerst die Frage „Was kann und muss ich lassen und loslassen?". Manchmal überbewerten wir, wie sehr bestimmte Ereignisse, Situationen oder das Verhalten anderer Menschen unser Leben erschweren. In Wirklichkeit machen wir uns das Leben selber schwer, weil wir ungeduldig sind, um jeden Preis unseren Willen durchsetzen wollen und nicht an das Werden glauben.

Akzeptanz des Unabänderlichen

Verzage nicht! Vielleicht ist das Unglück die Quelle deines Glücks. (Menander)

Wie reagieren Sie, wenn Sie mit unerwünschten Ereignissen konfrontiert sind, die Sie nicht unter Kontrolle haben? Wie leicht fällt es Ihnen, zu unterscheiden, ob Sie etwas ändern oder beeinflussen können oder nicht? Welche Rolle spielen Dinge in Ihrem Leben, die Sie nicht ungeschehen machen können? Wie fühlen Sie sich, wenn Sie das Ruder nicht in der Hand haben? Wie reagieren Sie, wenn andere Menschen Ihren Erwartungen nicht entsprechen?

Wenn wir Dinge nicht ändern können, ist es notwendig („Not wendend"), sie anzunehmen. Eine Grundvoraussetzung dazu ist, unterscheiden zu lernen, was in unseren Einflussbereich fällt und was nicht.[8] Unmittelbare Kontrolle haben wir über unser eigenes Verhalten sowie über unser Denken und Fühlen. Das ist unser „Königreich", in dem wir uns gegen Einmischung verwahren können, aber auch allein verantwortlich sind. Angelegenheiten, die mit dem Verhalten und den Einstellungen anderer Menschen zu tun haben, unterliegen nur teilweise unserer Kontrolle: Was andere Menschen sagen und tun, ist deren Entscheidung. Jeder hat die Verantwortung für seine eigenen Gedanken, Gefühle und Taten. Sie können beeinflussen, wie Sie mit anderen umgehen und wie Sie auf ihre Angebote reagieren. Sie können aber nicht kontrollieren und nicht ändern, was *andere* fühlen, denken oder tun. Der dritte Bereich sind die Gegebenheiten, die vollkommen außerhalb unserer Kontrolle liegen. Wir leben alle unter bestimmten Rahmenbedingungen, die wir nicht unmittelbar beeinflussen können. Und jedem von uns können tagtäglich Dinge widerfahren, die nicht in unserer Macht stehen.

Sie haben es selbst in der Hand, Probleme in diesen unterschiedlichen Bereichen mit jeweils geeigneten Mitteln anzugehen: Im ersten Bereich, Ihrem Königreich, können Sie an Ihren eigenen Denk- und Verhaltensgewohnheiten und an Ihrer Selbstregulierung arbeiten. Im zweiten Bereich können Sie Ihre Einflussmöglichkeiten optimieren. Im dritten Bereich, in dem Sie keinerlei Kontrolle haben, liegen die größten Herausforderungen an Ihre Fähigkeit zur Akzeptanz. Sie können lediglich bestimmen, mit welcher Haltung Sie diesen unabänderlichen Gegebenheiten begegnen.[9] Manche Menschen können diese Vorstellung so wenig ertragen, dass sie diese Tatsache ignorieren und sich wie Don Quichotte im vergeblichen Kampf gegen Windmühlenflügel aufreiben. In diesen dritten Bereich gehört auch alles, was in der Vergangenheit passiert ist. Nichts davon lässt sich ungeschehen machen. Sie können sich lediglich mit den Folgen befassen, die daraus entstanden sind. Akzeptanz setzt voraus, dass ich mir immer wieder bewusst mache, wo mein Einfluss und meine Kontrolle enden. Dort endet auch meine Verantwortung. Alle Bemühungen, die um die unabänderlichen Tatsachen kreisen statt um die eigene Reaktion darauf, verschwenden Energien. Diese Energien brauchen Sie aber für die Aufgabe, die in diesem Bereich angemessen ist: nüchtern konstatieren, was ist, und sich in Frieden mit dem Unabänderlichen abfinden. Der Prozess der Akzeptanz ist Versöhnungsarbeit.

Selbstakzeptanz

Wovor du wegläufst und wonach du dich sehnst, beides ist in dir selber. (Anthony de Mello)

Wie gehen Sie mit sich selbst um? Akzeptieren Sie sich voll und ganz mit all Ihren Stärken und Schwächen? Sind Sie versöhnt mit Ihrer Biographie, mit dem, was Ihnen mitgegeben wurde ins Leben? Verlangen Sie viel von sich? Sind Sie gnädig mit sich, wenn Sie Fehler machen oder gemacht haben?

Vielen Menschen fällt es besonders schwer, die eigenen Grenzen und Unzulänglichkeiten zu akzeptieren, zum Beispiel, dass sie auf manchen Gebieten Mittelmaß sind oder dass sie von unerwünschten Gefühlen heimgesucht werden. Resiliente Menschen akzeptieren sich selbst mit ihren Stärken und mit ihren Einschränkungen und gehen versöhnlich mit ihren ungeliebten Anteilen um. Sie nehmen sich selbst ohne Vorurteile wahr und schämen sich weder ihrer Gefühle noch ihrer Grenzen. Immer wieder sind sie bereit, sich der eigenen Realität zu öffnen. Sich zu akzeptieren heißt keinesfalls zu resignieren, alles in Ordnung zu finden und sich keine Mühe mehr zu geben. Oliver kann nicht nur sich, sondern auch seinen Freunden eingestehen, dass er dazu neigt, auch unwichtige Entscheidungen mehrfach zu bedenken. Zwar räumt er ein, dass er es oft damit übertreibt, auf Nummer sicher zu gehen, er verurteilt sich dafür aber nicht. Das heißt nicht, dass es in jedem Fall so bleiben muss. Manches würde Oliver selbst gerne lockerer auf sich zukommen lassen. Er ist ganz zuversichtlich, dass ihm das hier und da auch gelingen könnte. Das Wissen um ihre positiven Seiten machen resiliente Menschen nicht in erster Linie von der Zuschreibung anderer abhängig. Natürlich prägt die Resonanz anderer Menschen auch unser Selbstbild, aber resiliente Menschen sind nicht angewiesen auf die Zustimmung anderer, um sich wertvoll zu fühlen.

Die Art und Weise, wie Menschen reagieren, wenn sie Fehler gemacht haben, ist ein Indiz für ihre Selbstakzeptanz. Nicht resiliente Menschen betrachten Fehler häufig als Beweis dafür, dass sie Versager sind. Fehlleistungen und Misserfolge schreiben sie Umständen zu, die nicht leicht korrigiert werden können, zum Beispiel fehlender Intelligenz. Als Folge quälen sie sich entweder mit unangemessenen Selbstzweifeln und Vorwürfen – oder sie beschuldigen andere, um ihr perfektes Selbstbild zu retten. Daraus kann ein Teufelskreis entstehen: Wer sich schämt, wenn er Fehler macht, flüchtet vor Herausforderungen, um weitere Demütigungen zu vermeiden. Auf diese Weise werden defensive Bewältigungsstrategien kultiviert. Resiliente Menschen dagegen sehen Fehler vor allem als Lernerfahrung und eine Chance für Entwicklung an. Auch von negativem Feedback oder Kritik lassen sie sich nicht gleich entmutigen. Sie prüfen, welche relevanten Informationen und Erfahrungen sie für zukünftige Vorhaben und Aktivitäten verwerten können.

Zusammenfassung:

Akzeptanz bedeutet nicht, phlegmatisch und tatenlos einen unbefriedigenden Status quo auszuhalten, sondern realistisch wahrzunehmen, wie die Situation ist. Akzeptanz ist ein Prozess, der Verluste, Rückschläge und ungewollte Vorfälle in das eigene Leben integriert.

Grundlage dafür sind die Erfahrung und das Vertrauen, dass jedes Ereignis auch positive Aspekte enthält und sinnvolle Konsequenzen nach sich ziehen kann, auch wenn dies zum Zeitpunkt des Geschehens noch nicht erkennbar ist.

Resiliente Menschen machen sich bewusst, dass es nicht in ihrer Macht steht, Verhalten anderer Menschen oder alle Umstände zu ändern, wohl aber ihre eigene Einstellung dazu. Sie können unterscheiden, was sie beeinflussen können und was nicht. Was im Bereich ihrer Möglichkeiten liegt, nehmen sie in die Hand und gestalten ihren Beitrag. Auch wenn es ihnen schwerfällt, sind sie bereit, unabänderliche Gegebenheiten akzeptieren zu lernen.

Sich selbst zu akzeptieren ist ein lebenslanger Prozess, der immer wieder eine ehrliche Bestandsaufnahme der eigenen Stärken und Schwächen, Zielsetzungen und Verhaltensweisen erfordert. Voraussetzung für Selbstakzeptanz ist es, sich selbst wertzuschätzen und zu respektieren. Wer offen und konstruktiv auf eigene Unzulänglichkeiten reagiert und versöhnlich umzugehen lernt mit den Seiten, die er nicht an sich mag, nährt ein fundiertes Selbstwertgefühl.

Wege zu mehr Akzeptanz: s. Kap. 4.2, S. 122.

Woran Sie fehlende Akzeptanz erkennen

Ungeduld und Aktionismus

Menschen, die unablässig aktiv sind, um die Welt zu verbessern, ihren Vorstellungen Geltung zu verschaffen oder Dinge voranzutreiben, mangelt es an grundlegender Akzeptanz. Ihnen fehlt das Vertrauen, dass es selbstgestaltende Kräfte gibt, sie glauben, *alles* selbst machen zu müssen. Diese Haltung führt auf Dauer zu körperlicher und seelischer Erschöpfung. Sie kommen nie zur Ruhe und glauben, immer am Ruder sein zu müssen. Gerade dadurch verhindern sie, dass sich Dinge entwickeln können. Statt sich die Zeit zu nehmen, die Entwicklung braucht und zu akzeptieren, dass der Versuch, dies zu beschleunigen, manchmal kontraproduktiv ist, folgen sie dem gesellschaftlichen Trend, niemals Zeit zu „verlieren" oder zu „verschwenden".

Mangelnde Fehlerkultur

Fehler unterlaufen, wo immer Menschen arbeiten, sich bewegen, mit anderen umgehen. Wenn diese unumstößliche Tatsache nicht akzeptiert wird, kann man das an destruktiven Bewältigungsstrategien bei Fehlern, Irrtümern oder Missgeschicken erkennen. Statt den Fehler zu konstatieren und zu beheben, sucht man nach Entschuldigungen und Rechtfertigungen („Ich hatte kein vernünftiges Werkzeug"), man gibt anderen die Schuld („Wenn er mich besser informiert hätte, wäre das nicht passiert") oder man leugnet wider besseres Wissen („Ich weiß davon gar nichts"). Wenn ein Klima erzeugt wird, in dem Fehler peinlich sind oder bestraft werden, führt das dazu, dass Menschen vermeiden, das geringste Risiko einzugehen, oder beim kleinsten Hindernis aufgeben. Damit wird die Erfahrung verhindert, dass Fehler eine ganz normale Lernquelle sind. Auf ihrer Grundlage kann in komplexen Prozessen die Richtung immer wieder korrigiert werden.

Nörgeln, Hadern und Grübeln

Menschen, die dauerhaft mit ihrem Schicksal hadern, erzählen immer wieder mit unterschwelligem Ärger die gleichen Einzelheiten über das, was ihnen widerfahren ist, ohne dass dieses Erzählen irgendetwas bessert. Damit steigern sie sich in eine einseitige Sicht der Dinge hinein, die sie immer verbitterter werden lässt. Wiederholtes Grübeln über schlimme Erlebnisse, die sich nicht mehr ändern lassen, lässt sie in der immer gleichen Sichtweise stecken bleiben. Das erneute Auffrischen der ärgerlichen oder enttäuschenden Einzelheiten verhindert, dass das Geschehene verarbeitet werden kann, indem es als Gesamtes in die eigenen Erfahrungen eingebettet und integriert wird.

Häufiges Nörgeln zeigt, dass Menschen Dinge in ihrem Leben oder in sich selbst ablehnen. Nörgeln führt zu chronischer Unzufriedenheit und blockiert den Prozess, sich nach und nach anzufreunden mit dem, was sich nicht ändern lässt. Das Lamentieren ersetzt die konstruktive Auseinandersetzung mit dem Geschehenen. Es verhindert eine Veränderung der Perspektive, durch die die Betreffenden versöhnlicher mit sich selbst, mit anderen und mit dem Schicksal umgehen könnten.

Verdrängung

Bei schweren Belastungen oder bei einschneidenden Unglücksfällen kann es durchaus eine Strategie für mehr Resilienz sein, sich erst einmal abzuschotten und Ruhe zu gönnen, statt sich mit dem gesamten Ausmaß der Katastrophe oder mit quälenden Einzelheiten zu konfrontieren. Verdrängung ist auch eine Fähigkeit der Selbstregulierung: Nicht mehr an das Schreckliche zu denken kann verhindern, dass ich zusammenbreche, durchdrehe oder im Schmerz versinke. Werden Ereignisse oder Realitäten jedoch auf Dauer nicht zur Kenntnis genommen, die im Leben der Betreffenden dennoch eine (dann verdeckte) Rolle spielen, verfestigt sich die vorübergehend heilsame Verdrängung zu einer Haltung, die die Realität leugnet. So werden Verarbeitung, Integration und persönliche Entwicklung blockiert.

Lösungsorientierung

> *Wer etwas will, sucht Wege.*
> *Wer etwas nicht will, sucht Gründe.*

Welche Gefühle löst es in Ihnen aus, wenn Probleme auftauchen? Wie denken Sie darüber? Sehen Sie zuerst die Schwierigkeiten oder die Herausforderung? Glauben Sie, dass Sie Probleme ausführlich analysieren müssen, um sie lösen zu können? Gehen Sie davon aus, dass es eine richtige Lösung gibt? Haben Sie erprobte Lösungsstrategien? Wenden Sie diese immer wieder an oder wechseln Sie die Mittel? Fällt es Ihnen leicht, querzudenken und auch ungewohnte Ansätze zu verfolgen?

Es gibt Menschen, die viel Zeit und Energie darauf verwenden, aktuelle oder mögliche Probleme immer wieder in allen Einzelheiten zu beschreiben, zu analysieren und zu beklagen; sie sind problemorientiert. Resiliente Menschen dagegen machen sich viel mehr Gedanken um mögliche Lösungen. Sie konzentrieren ihre Energie darauf, erwünschte Ergebnisse zu ersinnen, Ressourcen zu aktivieren, Verbesserungen und Fortschritte zu erreichen. Den Blick auf Lösungen zu fokussieren öffnet die Aussicht nach vorne und schafft Energie für das Wesentliche. Dabei tritt die ausführliche und systematische Beschäftigung mit Problemen und ihren Ursachen automatisch in den Hintergrund. Indem resiliente Menschen sich so ausgiebig mit Lösungen befassen und sich diese anschaulich vorstellen, gewinnen sie neue Perspektiven und erweitern ihre Spielräume. Aus Problemen werden Aufgaben und Herausforderungen. Das bedeutet nicht, dass lösungsorientierte Menschen Probleme ignorieren oder Schwierigkeiten übersehen. Wenn es für die Lösung relevant ist, nachzuvollziehen, wie das Problem entstanden ist, nutzen sie diese Denkrichtung als Ergänzung, sie steht aber nicht im Hauptfokus ihrer Aufmerksamkeit.

Problemlose Lösungen

Man kann ein Problem nicht mit derselben Denkweise lösen, mit der es entstanden ist. (Albert Einstein)

Mit seinem lösungsorientierten Konzept stellte Steve de Shazer[10] in den achtziger Jahren den gängigen Beratungs- und Therapiemodellen einen grundlegend neuen Ansatz gegenüber. Davor war es üblich, mit Patienten oder Klienten ihre jeweiligen Probleme von allen Seiten zu durchleuchten und zu durchdringen, um sie dann vielleicht lösen zu können. Für Steve de Shazer gehören Problem und Lösung nicht unbedingt und grundsätzlich zusammen. Er stellt die bis dahin gängige Vorstellung in Frage, dass jede vielschichtige Situation *Probleme enthält*, die ans Licht gebracht werden müssen. Im Gegensatz dazu geht er davon aus, dass jede „Lage" verdrängte oder nicht gesehene *Lösungen enthält*, die es (wieder) zu finden gilt. Damit werden gerade als schwierig und krisenhaft erlebte Lebensumstände zu einem Reservoir für neue Lösungsstrategien. Dass wir eine Situation als Problem bezeichnen, entspricht nämlich keineswegs einer objektiven Gegebenheit. Es ist ein Resultat unserer subjektiven Wahrnehmung.[11] Unsere Umwelt ist so lebendig und vielfältig, dass wir gar nicht in der Lage sind, alle Reize gleichzeitig aufzunehmen. Wir registrieren daher immer nur Ausschnitte aus unserer Umgebung. Vor dem Hintergrund individueller Erfahrungen, gesellschaftlicher Konventionen und kultureller Prägung entschlüsseln wir, was diese Bruchstücke bedeuten, und ordnen sie in unseren persönlichen Lebenszusammenhang ein. Jeder erschließt sich also die Welt auf seine individuelle Weise. Jeder konstruiert seine eigene Wirklichkeit. Und es kommt zu einem Rückkopplungseffekt: Diese Konstrukte steuern wiederum unbewusst unsere Wahrnehmung. Wir registrieren verstärkt die Umstände, die unsere Überzeugungen und Vorstellungen stützen. Wenn Sie überzeugt sind, dass man keinem trauen kann, den man nicht kennt, werden Sie alle Vorfälle registrieren und in Erinnerung behalten, bei denen Sie oder jemand anders übervorteilt oder betrogen wurden. Glauben Sie aber, dass die meisten Menschen entgegenkommend und hilfsbereit sind, werden Sie wahrscheinlich von einigen Gelegenheiten erzählen können, wo sie im Gespräch mit Fremden ein freundliches Angebot oder einen guten Tipp bekamen. Ob wir also etwas als Problem oder als Chance wahrnehmen und deuten, ist ein Ergebnis unserer eigenen Denkweise. Es ist ein selbst fabriziertes Konstrukt. Und Konstrukte lassen sich verändern.

Ein Ereignis oder ein Sachverhalt stellt also nicht an sich ein Problem dar. Es wird erst dadurch zum Problem, dass es subjektiv so wahrgenommen und bezeichnet wird. Für Steve de Shazer sind Probleme lediglich Symptome dafür, dass etwas nicht funktioniert. Diese Sichtweise lenkt die Aufmerksamkeit automatisch darauf, es (wieder) zum Funktionieren zu bringen. Wenn Sie den Eindruck haben, dass Ihr Partner Sie häufig nicht versteht, ist das vor diesem Hintergrund kein „Problem". Es zeigt lediglich, dass Ihre Kommunikation nicht zufriedenstellend funktioniert. Sich ausführlich und intensiv mit dem Problem zu beschäftigen, verstärkt und verlängert nur das Nichtfunktionieren. Wenn Sie also Ihre Aufmerksamkeit einseitig und ausdauernd auf dieses (vermeintliche) Defizit Ihres Partners richten, rufen Sie automatisch auch die entsprechenden unguten Gefühle hervor. Diese stabilisieren Ihre Problemorientierung. Es wird immer schwerer, sich aus der beschränkten Problemsicht zu lösen. Denn diese Einseitigkeit verhindert ja gerade, dass – auf der hirnorganischen Ebene angefangen – neue neuronale und mentale Muster gebildet werden und ungewohnte Perspektiven möglich werden. Das Problem kann sich in sich selbst erfüllender Prophezeiung als „objektiv real" bestätigen. Wie das Kaninchen vor der Schlange geraten Sie in eine „Problemhypnose". Dann „wird aus einer Aussage oft eine Einsage".[12] Was wir uns lange genug einreden, verfestigt sich und verhindert, dass wir uns Lösungsmöglichkeiten zuwenden und diese zulassen. Ihre Problemsicht kann Sie also geradezu daran hindern, Ansätze zu finden, wie Sie Ihre Kommunikation anders gestalten können. Um zu entfalten, was sein könnte, muss man nicht unbedingt alles verstehen, was in der Vergangenheit war. Lösungsorientierung sucht nach Möglichkeiten, eine neue Geschichte zu (er)finden, die wahr (gemacht) werden kann.

Optionen entwickeln

Zwischen dem Ja und dem Nein liegt der Gestaltungsraum des Selbst. (Julius Kuhl)

Resiliente Menschen sind offen für neue Ideen und ungewohnte Perspektiven. Sie halten Mehrdeutigkeit gut aus, sind zugänglich für verschiedene Perspektiven und entwickeln originelle Lösungen, um sich an Veränderungen anzupassen. Als flexible Denker vermeiden sie Schwarz-Weiß-Denken. Sie akzeptieren, dass Umbrüche und Veränderungen zumindest vorübergehend unsichere Verhältnisse und uneindeutige Umstände mit sich bringen. Statt um jeden Preis an der ursprünglichen Planung und Vorgehensweise festzuhalten, vergrößern sie die Bandbreite möglicher Optionen. Je mehr Optionen man entwickeln kann, umso größer ist die Wahrscheinlichkeit, eine zu finden, mit der sich diese spezielle Herausforderung meistern lässt. Dafür ist es notwendig, automatisierte

Denkmuster und Handlungsroutinen zu durchbrechen, sonst verschwendet man Energie mit alten Herangehensweisen, die nur unzureichend funktionieren.

Die Fragestellungen im optionalen Denken lauten nicht „Wer hat recht?" oder „Was ist richtig?", sondern „Was könnte funktionieren?", „Wie kann das gehen?" und „Was kann ich tun, damit ...?". Ziel ist, möglichst viele unterschiedliche Optionen zu entwickeln, um daraus eine angemessene Lösung zu wählen oder aus den verschiedenen Ansätzen eine maßgeschneiderte zu kombinieren. Resiliente Menschen sind in der Lage, auch vorläufige Lösungen oder Teillösungen anzunehmen. Wer ausschließlich *die* ideale und optimale Lösung favorisiert, die aber vielleicht nicht zu finden oder im konkreten Fall nicht umsetzbar ist, läuft Gefahr, in der Problemlage stecken zu bleiben und sieht sich dann noch darin bestätigt, dass es keine Lösung gibt. Es kommt vielmehr darauf an, aktuell passende, ganzheitlich stimmige und umsetzbare Möglichkeiten herauszufinden. Diese müssen nicht für alle Zeiten sinnvoll sein. Wenn die Gegebenheiten sich ändern, kann die Lösung von heute unter Umständen morgen zum Problem werden. Dann sind die Bereitschaft und die Fähigkeit zu flexiblem Denken gefragt. Flexibilität ist nicht zu verwechseln mit Impulsivität, die den erstbesten oder nächsten Einfall umsetzt. Flexibilität bedeutet, die Richtung oder die Methode wechseln zu können, wenn sie nicht mehr funktioniert.

Lösungsorientierung ist also keine Technik, wie man festgelegte Problemlösungsprozeduren mit vorhersagbarem Erfolg auf eine bestimmte Situation anwenden kann. Sie ist eine grundsätzliche Haltung, Prozesse weiterzubringen. Menschen mit dieser Haltung kleben weder an traditionellen Strukturen noch wollen sie ständig um jeden Preis neue Maßnahmen ergreifen. Vielmehr sind sie immer wieder bereit, unvoreingenommen zu hinterfragen, ob bewährte Vorgehensweisen sinnvoll und Erfolg versprechend sind. Kommen sie zu dem

Schluss, dass diese in einer aktuellen Lage nicht (mehr) angemessen sind, lassen sie sich auch auf unkonventionelle Denk-
ansätze ein und probieren neue Wege aus.

Kreatives Denken

*Kreativität heißt, Dinge zu sehen, die jeder andere auch sieht,
und dann Verbindungen herzustellen, die niemand sonst sah.*

Kreativität wird im landläufigen Gebrauch häufig gleichge-
setzt mit der Fähigkeit, künstlerisch begabt zu sein oder deko-
rative Dinge herstellen zu können. Kreativität ist aber genauso
eine mentale Fähigkeit, die originelle Gedankengänge, unkonventionelle Assoziationen und kombinatorisches Denken aktiviert. Kreatives Denken ist in Krisen deshalb so gefragt, weil
man neue ungewohnte Situationen selten mit den gewohnten
Mitteln meistern kann. Wenn Hindernisse auftauchen, muss
man neue Wege finden und immer wieder seine Strategien ab-
wandeln. Resiliente Menschen sind kreativ, originell und flexibel in ihrem Denken.

Intelligenz ist die Fähigkeit, die Welt zu *verstehen*. Kreativität als schöpferische Kraft strebt danach, die eigenen Lebens-
verhältnisse zu *verändern*. Dieses Bedürfnis nach Veränderung wird dadurch geweckt, dass wir uns entweder aus einer
Problemlage befreien wollen oder aber eine Utopie, einen Zu-
kunftstraum, entwerfen. Wie immer wir die Ausgangssitua-
tion erleben und benennen, mit Wahrnehmen und Denken leiten wir die Veränderung vom Ist zum Soll in die Wege, mit
Handeln setzen wir sie in die Realität um. Maßgebliche Erfindungen und Entdeckungen wurden gemacht, weil Menschen
Zufälligkeiten beobachtet, sie in ihre Erfahrungen integriert
und Neues ausprobiert haben. *Kreativität* ist die Fähigkeit,
neue Ideen hervorzubringen. *Innovation* ist die erfolgreiche
Umsetzung dieser originellen Ideen. Beide bedingen sich ge-

genseitig. Um erfolgreiche Innovationen, ob Erfindungen oder Reformen, zu verwirklichen, werden in der Regel zahlreiche kreative „Roh-Ideen" ausgewertet, durchgespielt und erprobt. Für den Prozess, in dem diese Roh-Ideen nutzbar gemacht und anderen vermittelt werden, wird wieder Kreativität gebraucht – meistens in Form von problemlösendem Denken.

Einfache Probleme lassen sich oft durch *reproduktives Denken* lösen. Dabei greifen wir auf bekannte Vorgehensweisen und Lösungsstrategien zurück und wenden sie auf die jeweilige Situation oder Fragestellung an. Bei komplizierteren Aufgaben, bei neuartigen Problemstellungen oder in Situationen, die eine Eigendynamik entwickeln, brauchen wir *produktives Denken*. Produktives Denken wird gespeist von unseren kreativen Kräften. Wir denken uns neue, unbekannte Wege aus, wir stellen uns vor, wie wir ein Hindernis nach dem anderen überwinden können, und wir lassen uns immer wieder etwas einfallen, um doch noch zum Ziel zu kommen. Jeder Mensch verfügt über reichliche Kreativitätsreserven, die entfaltet und genutzt werden können.

Um Kreativität in produktive Bahnen zu lenken, müssen also zwei unterschiedliche Denkweisen miteinander verknüpft werden. Diese beiden Denkweisen erzeugen wir in zwei verschiedenen Regionen unseres Gehirns. Die linke Hirnhälfte arbeitet logisch, linear, rational und speichert und verarbeitet Einzelheiten. Sie setzt *konvergente*[13] Denkprozesse in Gang, die darauf hinsteuern, eine eindeutig richtige oder sogar die einzig richtige Lösungsmöglichkeit für ein bestimmtes Problem zu finden. Mit konvergentem Denken versuchen wir, auf der Basis unseres vorhandenen Wissens die gegebenen Informationen zu ordnen, in einen logischen Zusammenhang zu bringen und so zum richtigen Ergebnis zu kommen. Um kreativ denken zu können, brauchen wir jedoch auch die Fähigkeit, ungewöhnliche, nur weitläufig assoziierte Antworten zu finden. Hier wird nicht nach der richtigen Lösung gefragt, sondern nach möglichst vielen unterschiedlichen Lösungsansätzen. Die dafür gebrauchten Ideen sprudeln dank der rechten Hirnhälfte. Sie ist intuitiv und einfallsreich und löst Assoziationen in ganz verschiedene Richtungen aus. Das *divergente* Denken der rechten Hirnhälfte verarbeitet alle Informationen gleichzeitig und orientiert sich am Ganzen statt an einzelnen Details. Da aber kreative Leistungen nur überzeugen, wenn sie nützlich, relevant oder effektiv sind, ist Kreativität immer ein Werk des ganzen Gehirns.[14] Die Ideen und Geistesblitze der rechten Hirnhälfte müssen nämlich auf ihre Brauchbarkeit und Umsetzbarkeit überprüft werden. Für diesen Bewertungsprozess ist wieder das logische und analytische Denken der linken Hirnhälfte gefragt. Auch im Vorfeld schöpferischer Prozesse spielt sie eine Rolle, weil sich Geistesblitze und geniale Einfälle in aller Regel auf der Grundlage solider Sachkenntnis einstellen. Die meisten Erfinder und Erneuerer sind Experten, die sich auf ihrem Gebiet gut auskennen. Wenn allerdings Neugier und Offenheit für neue Ideen und Erfahrungen fehlen, kann zu große Spezialisierung kreatives Denken auch wieder behindern.

Zusammenfassung:

Lösungsorientierung verwandelt systematisch „Probleme" in Möglichkeiten, Angebote und Chancen. Man kann Probleme effizient lösen, ohne die Ursachen im Einzelnen zu analysieren. Lösungen im Sinne von positiven Veränderungen verbergen sich in jeder Situation. Diese kann man losgelöst vom Problembewusstsein finden und umsetzen.

Der Anspruch, dass die richtige oder die optimale Lösung gefunden werden muss, blockiert die Entwicklung von Optionen: viele Möglichkeiten sammeln, individuelle Schritte herausarbeiten und Teil- oder Zwischenlösungen akzeptieren. In Kategorien von starren Normen oder Entweder-oder zu denken, entspricht in vielen Fällen weder der Komplexität der Sachlage noch den individuellen Möglichkeiten der Betroffenen. Der Spielraum für Lösungen weitet sich, wenn wir im Spielraum eines Sowohl-als-auch auch originelle und vielfältige Möglichkeiten zulassen.

Kreativität setzt die Bereitschaft voraus, sich von Gewohnheiten zu lösen, verschiedene Betrachtungsweisen einzunehmen und sich immer neue Erfahrungsfelder zu erschließen. Dazu müssen wir uns immer wieder dem Prinzip Versuch und Irrtum aussetzen, denn „sicheres" Denken, das sich darauf beschränkt, Schlussfolgerungen aus dem bereits Vorhandenen zu ziehen, kann nicht kreativ sein.

Resiliente Menschen haben die Fähigkeit zum divergenten Denken, das die gewohnten Bahnen verlässt, assoziativ unterschiedliche Bereiche verknüpft und neue Denkmuster prägt. Doch sie nutzen auch in wiederkehrendem Wechsel das analytische Denken der linken Hirnhälfte, um die Ergebnisse zu prüfen und umzusetzen, und um sich das Basiswissen anzueignen, mit dem kreative Prozesse gedeihen.

Wege zu mehr Lösungsorientierung: s. Kap. 4.3, S. 132.

Woran Sie fehlende Lösungsorientierung erkennen

Es ist ein sehr deutliches Signal für mangelnde Lösungsorientierung, wenn Menschen immer wieder das Gleiche denken und tun, auch wenn es nicht zum Ziel führt. Statt wahrzunehmen, dass sie unzureichende, unangepasste oder einseitige Lösungsmethoden einsetzen und diese dann zu optimieren, tun sie einfach „mehr desselben".[15]

Einseitige Problemorientierung

Für mögliche positive Veränderungen lassen lösungsorientierte Menschen sich auf innere Suchprozesse ein, um sich ihr gesamtes Denk- und Handlungspotential bewusst zu machen. Sie sind bereit, dafür auch Ressourcen wie Fähigkeiten, Kenntnisse, Erfahrungen, Ideen zu aktivieren und einzusetzen, von denen sie bis dahin noch wenig Gebrauch gemacht haben. Menschen, die dagegen überwiegend problemorientiert sind, führen sich immer wieder vor Augen, wie eingeschränkt ihre Handlungsmöglichkeiten und wie unzureichend die Mittel sind, über die sie verfügen. Dadurch machen sie in ihrer Vorstellung die Probleme immer größer und ihre Lage immer aussichtsloser. So trainieren sie auf Dauer ein einseitiges Problemdenken, in das sie wie bei einer fortgesetzten Selbstansteckung mit Krankheitserregern immer wieder verfallen. Sie betreiben eine ausführliche Ursachenforschung beklagenswerter Lagen oder Verfassungen, ziehen aber daraus keine konstruktiven Konsequenzen für die Lösungssuche. Stattdessen drehen sie sich im Kreis („Problemhypnose") und wälzen auf diese Art und Weise nicht nur ihre eigenen Probleme, sondern auch noch die anderer Leute.

Konventionen und Rituale

Häufig blockieren festgefahrene Überzeugungen den Zugang und den Mut zu unkonventionellen Ideen. Menschen, die nicht daran glauben, dass sie selbst etwas bewirken und beeinflussen können, hinterfragen nicht, in welchen Denk- und Reaktionsgewohnheiten sie feststecken. Diese Automatismen blockieren sie aber dabei, Lösungen zu finden oder sich in einer schwierigen Lage Erleichterungen zu verschaffen. Diese Hürden zeigen sich in typischen Äußerungen:

- „Ich kann eben nicht aus meiner Haut heraus." Diese Überzeugung erstickt alle Lösungsansätze im Keim, mit denen Veränderungen des eigenen Verhaltens einhergehen würden.

- „Bei uns geht das nicht." Diese Behauptung verfestigt die Ausweglosigkeit und betont die besondere Schwere der Lage: Es mag Lösungen geben, aber nicht für uns.
- „Du hast gut reden." oder „Sie / Die stellen sich das so einfach vor." Diese Vorhaltung blockt alle Optionen ab, die sich aus Ideen oder Lösungsansätzen anderer ergeben könnten.
- „Das ist doch nur ein Tropfen auf den heißen Stein." Diese Denkweise schließt „kleine" Lösungen wie vorläufige Maßnahmen, bescheidene Schritte oder Teillösungen aus.
- „Da gibt es nur eine Lösung." oder „Das muss so gemacht werden." Diese Aussage forciert Entweder-oder-Entscheidungen und beschneidet die eigenen Gestaltungsmöglichkeiten.

Manche Probleme oder Situationen werden nur dadurch lösbar, dass man den Rahmen des Automatischen und Gewohnten überschreitet. Dafür muss man nicht das Problem analysieren, sondern die eigenen Annahmen über Lösungsmöglichkeiten überprüfen und gegebenenfalls optimieren.

Unausgewogenes Denken

Menschen, die ihre Kapazitäten zur kreativen Lösungssuche nicht optimal einsetzen, haben eine ausgeprägte Vorliebe für die Denkfunktionen einer Hirnhälfte. Bildung und Sozialisierung in unserer Gesellschaft fordern und fördern stärker das konvergente Denken der linken Hirnhälfte. Wenn diese Förderung auf eine entsprechende Grundausrichtung trifft, verstärkt sich die Neigung, alle Fragestellungen logisch, rational und zielgerichtet anzugehen. Diese Menschen scheinen oft wenig flexibel zu sein und ersticken unkonventionelle Ideen durch frühzeitiges Bewerten oder sogar Abwerten im Keim. Da sie die unzensierte Entwicklung vieler Optionen oft für unsinnige Zeitverschwendung halten, errichten sie geistige Sperren[16] für ihre Kreativität. Diese entspringt dem divergenten Denken, das unterschiedliche Perspektiven durchspielt und auch „unsinnige" Gedankenspiele erlaubt, um möglichst viele Optionen zu entwickeln. Erst danach wird die „vernünftige" Denk-funktion der linken Hirnhälfte mit Bewertung, Auswahl und Entscheidung einen produktiven Beitrag leisten. Aber auch die übermäßige Vorliebe für divergentes Denken kann die Lö-sungsorientierung behindern. Wer seine Ideenfülle nicht sor-tiert, überprüft und rational die Umsetzung plant und durch-führt, bleibt im Himmel der Möglichkeiten hängen. Diese Menschen sind oft unentschieden, trauern vielen nicht ergrif-fenen Chancen hinterher und warten, dass sich die besten Va-rianten von selbst einstellen.

Die schnelle optimale Lösung als Anspruch

Manchmal stehen gerade Menschen, die sich selbst für sehr lösungsorientiert halten, ihrer Kreativität und Flexibilität im Wege. Führungspersonen, die sich als „Troubleshooter" se-hen, haben selbst den Anspruch oder spüren den Erwartungs-druck, jederzeit ganz schnell eine unzweifelhafte Lösung pro-duzieren zu müssen. Dahinter verbirgt sich die Überzeugung, dass es die eine wahre Lösung gibt, die nur gefunden werden muss. Diese Vorannahme hemmt die Kreativität, boykottiert den Suchprozess nach Optionen und lässt den speziellen Kon-text außer Acht. Der so aufgebaute Druck ist belastend und verhindert, dass der Kopf frei wird für „gute" Ideen. Auf diese Weise entstandene Schnellschüsse, Blitzentscheidungen und Instantlösungen können den Arbeitsprozess und die Qualität der Ergebnisse beeinträchtigen. Werden sie trotz späterer Er-kenntnisse und besseren Wissens nicht revidiert, trägt das zu Entmutigung und Problemsicht bei.

2.2 Die vier Fähigkeiten

Auf der Basis dieser drei Grundhaltungen entwickeln resiliente Menschen ganz bestimme Strategien für ihr Denken, Fühlen und Handeln. Studien haben gezeigt, dass sie außerdem über die folgenden charakteristischen Fähigkeiten verfügen.

Sich selbst regulieren

> *Mit der Zeit nimmt die Seele die Farbe*
> *deiner Gedanken an.*
> Marc Aurel

Sind Sie leicht aus der Fassung zu bringen? Wie viel Einfluss haben oder nehmen Sie auf Ihre Stimmungen? Neigen Sie eher dazu sich anzutreiben oder sich zur Ruhe zu bringen?

Wir unterschätzen häufig, wie viel Einfluss wir selbst auf unsere Stimmungen und unsere eigene Verfassung haben. Resiliente Menschen verstehen es, sich selbst im Hinblick auf unterschiedliche Befindlichkeiten, Umgebungen und Situationen angemessen zu steuern. Sie können sich entweder aktivieren oder beruhigen, je nachdem, was sie brauchen und was die Situation verlangt. So bringen sie ihre Stimmungen, Antriebe und Reaktionen immer wieder in eine effiziente und wohltuende Balance.

Selbstmotivierung/Selbstberuhigung

Die Gefühle des Menschen sind Worte, die der Körper ausdrückt. (Aristoteles)

Haben Sie einen langen Atem auf dem Weg zu Ihren länger-fristigen Zielen? Halten Sie Ihre Absichten auch angesichts von Hindernissen aufrecht? Gelingt es Ihnen auch in verzweifelten Momenten, sich wieder Mut zu machen?

Resiliente Menschen sind in der Lage, Rückschläge und Nie-derlagen mental zu verarbeiten und wieder neuen Anlauf zu nehmen. Die Kunst der Selbstmotivierung beherrschen bedeu-tet nicht, immer „gut drauf" und unermüdlich geschäftig zu sein, sondern sich selbst immer wieder aufbauen zu können. Auch resiliente Menschen kennen das Gefühl, enttäuscht, ver-stimmt, wütend oder mutlos zu sein. Sie bleiben jedoch nicht endlos in solchen Gefühlen und unerfreulichen Details ste-cken. Indem sie sich die Situation in ihrem Gesamtzusam-menhang vor Augen führen, sprechen sie sich Mut zu, entwi-ckeln wieder Schwung und finden neue Wege. Vielleicht fra-gen Sie sich, wie das geht.

Unser Gehirn besteht aus zwei Hälften, die auf bestimmte Funktionen spezialisiert sind. Dass unsere Gefühle und Ge-danken in ganz bestimmten Regionen unseres Gehirns erzeugt werden, lässt sich mit neuen Verfahren exakt nachweisen.[17]

Mit der linken Hirnhälfte sind wir in der Lage, unsere wil-lentlichen Absichten zu formulieren, logisch zu denken und detailliert zu planen. Diese Funktion nutzen wir, um Risiken zu erkennen und Fehler, Ungereimtheiten oder störende De-tails festzustellen. All diese Zwecke setzen eine eher gemä-ßigte Stimmungslage voraus. Sie kennen das wahrscheinlich aus eigener Erfahrung: Wenn wir erst einmal schlecht gelaunt sind, nehmen wir die Flecke im Teppich oder das ständige Räuspern des Kollegen viel stärker wahr. Um vernünftig an die Dinge herangehen zu können, müssen wir allerdings in der Lage sein, Vorfreude zu dämpfen und Begeisterung zu bremsen. Umgekehrt erleichtert eine solche Stimmungslage es, Vorhaben mit sachlicher Distanz zu betrachten, Einzelheiten wahrzunehmen und zu planen und sich mit Bedenken auseinanderzusetzen.

Manchmal sind Sie sich einfach sicher, welche Entscheidung für Sie richtig ist, ohne dass Sie es im Einzelnen begründen könnten. Ob es darum geht, sich für einen Lebenspartner zu entscheiden, ein Haustier anzuschaffen oder sich die Bevormundung durch Ihre Schwägerin nicht mehr bieten zu lassen, Sie wissen und fühlen, wie es für Sie stimmig ist. Mit den Funktionen der rechten Hirnhälfte können wir die Dinge nämlich im Überblick betrachten, auf unsere Erfahrungen in ihrer Gesamtheit zurückgreifen und sie intuitiv alle gleichzeitig berücksichtigen. Die Funktionen der rechten Hirnhälfte aktivieren wir auch, wenn wir spontan handeln, ohne lange zu überlegen, wenn wir zu anderen Menschen persönlichen Kontakt herstellen und wenn wir intuitiv vertraute Abläufe vollziehen. Diese Funktionen setzen voraus, dass wir aufgeräumter Stimmung sind und einen guten Zugang zu unserem Selbstwertgefühl haben, also insgesamt positiv gestimmt sind. Genau wie bei den Funktionen der linken Hirnhälfte gilt auch die Umkehrung: In guter Stimmung fällt es uns viel leichter, auf unsere Intuition zu vertrauen oder spontan zu handeln. Wenn Sie im Alltag wieder „bei Verstand" sind, können Sie häufig nicht mehr nachvollziehen, wieso Sie im Urlaub das kitschige Aquarell oder die türkisfarbenen Sandalen mit Pailletten gekauft haben. Oder Sie empfinden jemanden, den Sie in beruflichen Stresssituationen unsensibel und unzuverlässig nennen würden, in entspannter Atmosphäre als erfrischend unkonventionell.

Die Art und Weise, in der wir unsere kognitiven Funktionen nutzen, bewirkt ganz bestimmte Gefühlszustände. Um gute Entscheidungen treffen zu können, also um sicher zu sein, dass das, was wir mit unserem bewussten Verstand wollen, auch das ist, was wir unbewusst mögen, brauchen wir die Funktionen beider Hirnhälften. Resiliente Menschen beherrschen die Kunst diese je nach Bedarf aktivieren zu können. (Vielen ist allerdings gar nicht bewusst, dass und wie sie diesen Wechsel vollziehen.) Sie können demzufolge sowohl ihre Gefühle steuern und ausbalancieren als auch ihre Denkstile. Da wir für gute und stimmige Entscheidungen und ihre Umsetzung das Zusammenspiel beider Hirnhälften brauchen, ist die Fähigkeit, zwischen beiden wechseln zu können, eine grundlegende Voraussetzung für Selbstmotivierung. Alles, was die Koordination beider Körperhälften trainiert, fördert dieses Zusammenwirken der Hemisphären. Das erreicht man, indem man zu Fuß geht, Fahrrad fährt oder schwimmt, indem man mit Jonglieren oder Balancieren seine Geschicklichkeit trainiert oder indem man regelmäßig ein Musikinstrument spielt.

Selbstdisziplin/Selbstkontrolle

Tu erst das Notwendige, dann das Mögliche, und plötzlich schaffst du das Unmögliche. (Franz von Assisi)

Wie gehen Sie mit Ihren Gefühlen um? Haben Sie den Eindruck, dass Ihre Gefühle und Impulse Ihnen bei Ihren Vorsätzen öfter in die Quere kommen? Finden Sie in der Regel eine angemessene Ausdrucksform für Ihre Gefühle? Oder neigen Sie eher dazu, unliebsame Emotionen abzulehnen oder zu unterdrücken?

Resiliente Menschen wissen, dass sie die Verantwortung für ihre Selbstkontrolle haben. Sie können störende Impulse und belastende Gefühle steuern. Dabei verlieren sie sich nicht in Überkontrolle, sie setzen einen angemessenen Rahmen für ihr eigenes Verhalten, ohne sich eine emotionale Zwangsjacke zu verpassen.

Gewinnbringende Impulskontrolle durch Selbstdisziplin bedeutet, dass man in der Lage ist, hedonistische Wünsche mit Vernunft abzuwägen und einen Belohnungsaufschub um eines größeren Ziels willen hinzunehmen. Menschen mit niedriger Impulskontrolle handeln unüberlegt aus dem Stegreif und nehmen ihren ersten subjektiven Eindruck von einer Situation als objektive Wahrheit. Sie interpretieren die Bemerkung eines Kollegen als persönlichen Angriff und reagieren dann aggressiv oder beleidigt, ohne zu überprüfen, ob es auch wirklich so gemeint war. Was wir über eine Situation oder eine Person denken, bestimmt unsere Gefühle und unser Verhalten. Impulskontrolle lässt uns solche Denkfallen, die uns durch unüberlegtes Handeln in Schwierigkeiten bringen, erkennen und entschärfen.[18] Selbstdisziplin ermöglicht es, die Gefühle anderer zu berücksichtigen oder mögliche Lösungen eines Problems und die jeweiligen Konsequenzen abzuwägen, bevor wir handeln.

Selbstdisziplin ist eine Hauptkomponente emotionaler Intelligenz. Die Regulierung der eigenen Gefühle und Impulse trainiert die Fähigkeit, auch unter großem Druck ruhig und gelassen zu bleiben. Gefühlsregulierung bedeutet keineswegs, seine Gefühle zu unterdrücken, sondern sie auf angemessene Art auszudrücken und zu berücksichtigen. Durch Gefühlsregulierung kann man seinen Gemütszustand in Balance bringen: sich abregen, wenn man ärgerlich ist, sich beruhigen, wenn man ängstlich ist, oder sich aufheitern, wenn man traurig ist. Niemand muss sich zum Sklaven seiner Gefühle machen. Sonst hindern uns Ängstlichkeit, Trauer oder Ärger daran, anderen Menschen aufgeschlossen zu begegnen oder neue Erfahrungen zu machen.

Selbststärkung/Stressbewältigung

Wir sollen nicht in unserem Tagwerk ertrinken. (Paracelsus)

Gesamtgesellschaftlich ist die Stressbelastung erheblich gestiegen, immer mehr Menschen erklären, dass sie täglich unter großem Stress stehen. Die Fähigkeit, ohne dauerhafte Beeinträchtigung mit Stress umgehen zu können, ist daher eine grundlegende Kompetenz der Lebensbewältigung geworden. Resiliente Menschen haben wirksame Strategien, Stress und Druck effektiv zu bewältigen.

Dass wir in Stress geraten können, ist für unseren Organismus ein überlebenswichtiger Zustand. Es versetzt den Körper in die Lage, alle Energie bereitzustellen, die benötigt wird, einem Feind zu entkommen oder den Kampf aufzunehmen, also eine lebensbedrohliche Situation zu lösen. Dafür werden sämtliche Systeme in Feinabstimmung gesteuert, einige wie Blutdruck und Atmung hochgefahren, andere wie Verdauung und Immunsystem gedrosselt. Danach braucht der Körper Erholung, um wieder in seinen Normalzustand zurückzufinden. Auf diese Reaktionen ist der Organismus eingerichtet, sie sind nicht schädlich, sondern sichern das Überleben. Wofür wir jedoch nicht von Natur aus gerüstet sind, ist der Dauerstress, in dem sich viele Menschen Tag für Tag befinden.

Ein anhaltend hoher Stresspegel verursacht und verschlimmert viele körperliche und psychische Störungen wie Herzkrankheiten, Magen- und Darmbeschwerden, Angstattacken und Schlafstörungen.[19] Der Lebensstil vieler Menschen, die unter chronischem Druck stehen, zeigt kontraproduktive Formen der Stressbewältigung. Sie suchen häufig Entlastung durch übermäßigen Alkoholkonsum, Rauchen, Essen oder Fernsehen. Diese schädlichen Gewohnheiten bringen aber zusätzliche Belastung und Anspannung statt Entspannung – ein Teufelskreis ist in Gang gesetzt.

Resiliente Menschen versuchen nicht nur die Symptome zu

kurieren, die übermäßiger Stress auslöst. Sie pflegen generell Methoden und Gewohnheiten der Selbststärkung, um äußerem Druck besser begegnen zu können. Sie machen sich ihre besonderen Stärken und Talente als „Inseln der Kompetenz"[20] bewusst und würdigen sie. Resiliente Menschen sind sich ihrer inneren und äußeren Kraftquellen gewiss und füllen sie immer wieder auf.

Luisas Alltag ist mit Beruf, zwei Kindern und ihrer betagten Mutter im Nachbarhaus mehr als gefüllt. Hausarbeiten erledigt Luisa ausgesprochen ungern, doch ist es eine große Begabung von ihr, wohltuende Beziehungen zu pflegen. Daher nimmt sie sich regelmäßig Zeit, um mit ihrer Mutter zusammenzusitzen, ihr geduldig zuzuhören und etwas von ihrem Tag zu erzählen. Ihrer Schwester Walli fällt es dagegen viel leichter, das Haus ihrer Mutter in Ordnung zu bringen und einzukaufen, als tatenlos bei ihr zu sitzen. Die Schwestern schätzen gegenseitig ihre Stärken, keine glaubt, alles tun und können zu müssen. So tun beide regelmäßig etwas für ihre Mutter, ohne sich zu überfordern und ständig unter Stress zu sein.

Zusammenfassung:

Unsere beiden Hirnhälften sind nicht nur auf Denkweisen, sondern auch auf Gemütsverfassungen spezialisiert. Bestimmte Arten zu denken bewirken ganz bestimmte Gefühlszustände. Das gilt auch umgekehrt: Eine bestimmte Stimmungslage erzeugt eine bestimmte Art zu denken. Resiliente Menschen steuern mit einem zuträglichen Maß an Selbstdisziplin ihre Gefühle und Impulse, ohne sie rigoros zu unterdrücken.

Sie verfügen über die mentale Flexibilität, schnell zwischen den Funktionen der beiden Hirnhälften zu wechseln und dadurch ihre Stimmungen zu regulieren. Mit diesem Pendeln zwischen ihrem bewussten Verstand (links) und ihrem emotionalen Erfahrungsgedächtnis (rechts) bringen sie die Belange aus beiden Teilen in Übereinstimmung.

Stressbewältigung ist eine der Hauptkomponenten eines resilienten Lebensstils. Resiliente Menschen haben wirksame Strategien, mit Stress so umzugehen, dass sie keinen dauerhaften Schaden davontragen.

Wege zu mehr Selbstregulierung: s. Kap. 4.4, S. 144.

Woran Sie fehlende Selbstregulierung erkennen

Mentale Einseitigkeit

Die meisten Menschen erreichen nicht ständig eine ideale Balance zwischen den Funktionen der beiden Hirnhälften. Dass wir eine Seite bevorzugen, hängt mit persönlicher Veranlagung, aber auch mit entsprechender Förderung und Aktivierung zusammen. Gerade in Krisen und bei Schwierigkeiten wird generell durch die damit verbundene Angst, Aufregung oder Frustration die linke Seite stärker aktiviert. Aber auch unsere gesellschaftlichen Gepflogenheiten, ob Ausbildung, Berufsleben oder Politik, sprechen vor allem die rationale Seite an. Daher unterschätzen und vernachlässigen bei uns mehr Menschen die Leistung des emotionalen Erfahrungsgedächtnisses. Eine Seite zu bevorzugen führt andererseits zu ausgeprägten Fähigkeiten in diesem Bereich. Dass eine Seite dominiert, ist also ganz natürlich und nicht bedenklich. Problematisch wird es, wenn das andere System überwiegend und dauerhaft ausgeblendet wird. Einseitig verzerrtes Wahrnehmen, Erleben und Handeln verfestigen sich und lassen weder Stimmungsbalance noch integratives Denken zu.

Menschen, die Selbstkontrolle übertreiben (linksdominant), neigen zu ständigem Grübeln und Hinterfragen. Sie haben Schwierigkeiten, sich zu entscheiden, aus Angst, das Falsche zu tun. Sie flüchten sich in Vermeidungsverhalten, erstellen minutiöse Pläne oder beschränken sich auf vorhersagbare strikte Abläufe. Wenn jemand sich fast ausschließlich mit einzelnen Details oder der Fehlersuche beschäftigt, sinkt das Stimmungsbarometer. Zudem verliert er aus den Augen, was der Sinn seines Tuns ist und in welchem größeren Zusammenhang es steht. So kann Perfektionismus im Detail zum Selbstzweck werden. Die damit verbundenen Emotionen wie Ängstlichkeit oder Gereiztheit erschweren es zusätzlich, aus diesem eingeengten Denken und Handeln wieder herauszufinden.

Menschen, die Leidenschaftlichkeit und Spontanität übertreiben (rechtsdominant), neigen dazu, plötzlichen Impulsen und sich aufdrängenden Bedürfnissen nachzugeben. Sie haben Schwierigkeiten, sich zu entscheiden aus Angst sich festzulegen. Wenn Unlust aufkommt, verdrängen sie ihre einmal gefassten Absichten und lassen sich schnell ablenken. Indem sie überwiegend im großen Entwurf und spontan nach Gefühl handeln, bleiben notwendige Details unberücksichtigt. Weil sie Schwierigkeiten lieber aus dem Weg gehen, laufen diese Menschen Gefahr, mögliche Einwände nicht zu beachten, Fehler nicht zu erkennen oder keine Konsequenzen daraus zu ziehen. Dafür müssten sie vorübergehend eine Abschwächung ihrer positiven Gefühle wie Begeisterung, Spaß oder Gemütlichkeit in Kauf nehmen.

Stimmungsabhängigkeit

Menschen, die ihre Stimmungen nicht gut regulieren können, betrachten häufig andere oder äußere Gegebenheiten als Ursache für ihre eigene schlechte Verfassung. Solche Menschen können in der Regel eine Reihe von Anlässen nennen, die ihre Stimmung negativ beeinflussen und auf die sie keinen Einfluss zu haben glauben, von eigenen Schwächen bis hin zu anderen Menschen oder den Verhältnissen:

- „Meine dünnen Haare bringen mich zur Verzweiflung."
- „Weil ich schon seit einer halben Stunde auf meinen Mann warten muss, ist meine Laune im Keller."
- „Kein Wunder, dass das Arbeitsklima unter den Kollegen schlecht ist – so pingelig wie der neue Chef ist."
- „Bei dem Wetter muss man ja depressiv werden."
- „Der Zug fährt nur alle zwei Stunden – ich kriege die Krise."

Diese und ähnliche Sätze sind Signale dafür, dass Menschen ihren eigenen Gemütszustand von außen steuern lassen. Sie nehmen nicht wahr, dass sie selbst durch ihre innere Einstellung diese Gefühle erzeugen.

Dauerhafte Entmutigung

Wenn wir neue Denkmuster lernen und alternative Verhaltensweisen erproben, ist das nicht immer sofort von Erfolg gekrönt. Wir können im Voraus nicht absehen, ob der gewählte Weg wirklich funktioniert oder effizient ist. Manchmal gehen wir auch von unrealistischen Zielen und Erwartungen aus. Entmutigte Menschen betrachten fehlgeschlagene Pläne oder misslungene Vorhaben häufig als Beweis ihres persönlichen Unvermögens. Sie beschuldigen sich selbst als Versager oder spielen die Bedeutung ihres Veränderungswunsches herunter. Statt ihre Zielsetzungen zu korrigieren und ihre Vorgehensweisen der Situation und den gegebenen Möglichkeiten anzupassen, kapitulieren sie vorschnell. Wer aber wiederholt ein hoffnungsvolles Ziel oder einen Traum einfach aufgibt, dessen Selbstwertgefühl sinkt. Der Verzicht darauf, persönliche Vorsätze zu fassen und sich etwas zuzutrauen, scheint zunächst Erleichterung zu bringen, doch auf lange Sicht mündet er in Frustration.

Verantwortung übernehmen

Wir sind nicht nur verantwortlich für das, was wir tun,
sondern auch für das, was wir nicht tun.

Molière

Wie selbstbestimmt leben Sie? Nehmen Sie die Dinge in die
Hand? Gestalten Sie Ihr Leben weitgehend in eigener Regie?
Machen Sie sich von anderen abhängig? Lassen Sie sich von
den Erwartungen Ihrer Umgebung leiten?

Wissenschaftliche Untersuchungen wie auch Alltagserfahrungen zeigen, dass es für alle Menschen ein grundlegender Antrieb ist, möglichst viel Kontrolle über das eigene Leben zu haben oder zurückzugewinnen. Persönliche Kontrolle gilt als Hauptkraft und grundlegende Voraussetzung für emotionales und körperliches Wohlbefinden und verringert Ängste, Depression, Schlaflosigkeit. Forschungsergebnisse belegen, dass die Herzinfarktrate steigt, je weniger Einfluss die Menschen auf eine stressende Situation zu haben scheinen.[21] Das Gefühl, das eigene Leben im Wesentlichen unter Kontrolle zu haben, bedeutet, nicht abhängig zu sein von äußeren Bedingungen, von Vorstellungen der Eltern, von fremden Erwartungen und verinnerlichten Ansprüchen oder von der Anerkennung des Chefs.

Die Opferrolle verlassen

Niemand kann dir ohne deine Zustimmung ein Gefühl der
Unterlegenheit vermitteln. (Eleanor Roosevelt)

Haben Sie etwas verloren, das Ihnen (lebens-)wichtig war? Einen Menschen, Ihren Arbeitsplatz, Ihre Wohnung, eine Illu-

sion? Sind Sie der Meinung, dass Ihnen übel mitgespielt wurde? Dass Sie ungerecht behandelt, hintergangen, abgelehnt wurden oder werden? Kennen Sie das Gefühl, Opfer zu sein?

Wenn sie ihre Arbeit oder ihre Ersparnisse verlieren, wenn sie schwer erkranken, wenn sie verlassen, betrogen oder ausgenutzt werden, betrachten sich die meisten Menschen als Opfer der Umstände oder anderer Menschen. Es lässt sich im Leben kaum vermeiden, dass Ihnen solche Dinge widerfahren und Sie dabei vorübergehend zum Opfer werden. Doch wie sehr und wie lange Sie unter den Gegebenheiten leiden und mit Ihrem Schicksal hadern, entscheiden Sie selbst. Menschen, die sich bereitwillig und langfristig in der Opferrolle einrichten, ist oft nicht bewusst, wie sie selbst dazu beitragen, sich in Abhängigkeit zu begeben oder darin zu verharren. Da sie die Möglichkeiten zur Veränderung ihrer Lage nicht wahrnehmen, fehlt es Opfern an Motivation und Orientierung.

Indem Sie sich für die Opferrolle entscheiden, geben Sie anderen Macht über sich und Ihr Leben. Wenn Sie Ihre eigenen Einflussmöglichkeiten nicht wahrnehmen und sich aus der (Mit-)Verantwortung für Ihre Lage zurückziehen, verstärken Sie eine „erlernte Hilflosigkeit". Birgit hat Tätigkeiten wie Bankgeschäfte und Versicherungen komplett ihrem Mann überlassen. Als er sie nach 23 Ehejahren verlässt, kennt sie weder ihre Konten noch irgendjemanden in ihrer Bank. Sie fühlt sich überfordert damit, eine Überweisung zu tätigen oder sich einen Überblick über ihre Versicherungen zu verschaffen. Ihre Hilflosigkeit ist nicht in einer realen Unfähigkeit begründet. Birgit hat sie sich im Lauf der Jahre selbst antrainiert; aus der Überzeugung, dass sie diese Dinge nicht so gut kann, hat sie es schließlich ganz aufgegeben, sich damit zu befassen.

Menschen in Opferhaltung glauben, dass sie überdurchschnittlich häufig benachteiligt werden oder sich für andere aufopfern müssen, ohne dass sie dafür angemessen entschädigt oder belohnt werden und ohne dass sie selbst daran etwas ändern könnten. Dabei ist es ja so: Wir beeinflussen unsere eigene Wahrnehmung durch unsere inneren Einstellungen und gedanklichen Vorannahmen. Wir nehmen eher das zur Kenntnis, was unsere Sichtweise und Haltung bestätigt, und blenden aus, was diese erschüttern könnte. Eine fortgesetzte Opferhaltung trübt also den Blick für mögliche Erleichterungen oder neue günstige Gelegenheiten zur Veränderung. Die Betreffenden bestätigen sich immer wieder selbst ihre Machtlosigkeit und verfestigen sie, indem sie ihre Aufmerksamkeit einseitig auf die Unausweichlichkeit und Unveränderbarkeit ihrer Situation richten. Heinz fühlt sich von seinem Vorgesetzten schikaniert. Bei Versetzungen ist Heinz der Erste, der benannt wird. Zur Zeit ist er in eine Außenstelle drei Stunden von seinem Wohnort entfernt abgeordnet. Er kennt die Gründe nicht, und der Gedanke, sich zu wehren, kommt ihm gar nicht. Stattdessen sagt er häufig: „Was soll ich denn machen? Ich bin ja froh, dass ich noch Arbeit habe."

Opfer geben leicht nach, wenn sie Erwartungen oder Druck von außen ausgesetzt sind. Weder wägen sie nüchtern ab, was die weiteren Konsequenzen sind, wenn sie sich weigern, noch bedenken und entscheiden sie eigenständig, wie sie mit solchen Anforderungen umgehen. Sie sind überzeugt, dass nicht nur ihr Verhalten von außen bestimmt wird, sondern sogar ihre Gedanken und Gefühle beeinflusst werden. Sabine betont häufig, dass sie aus Überzeugung Hausfrau und Mutter ist. Gleichzeitig lässt sie immer wieder eine Bemerkung darüber fallen, dass sie ihrer Familie ihre Karriere als Sängerin geopfert habe. Ihre Freundin Christa kann auch bei genauerem Nachfragen nicht ausmachen, was Sabines eigene Beweggründe waren, was ihr Mann sich vorgestellt und was die Umgebung erwartet hat. Eine klare Entscheidung von Sabine ist nicht greifbar. Da sie äußerem Erwartungsdruck wenig entgegensetzen, können Opfer am Ende oft nicht mehr unterscheiden, ob etwas von anderen gewünscht oder gefordert wurde oder ob sie es selbst so wollten. Das hat gravierende Folgen für ihr Selbst-„bewusstsein". Sie wissen immer weniger, wer sie selbst sind und was sie selbst wollen. Opfer machen sich nicht bewusst, dass sie sich auch dann, wenn sie passiv bleiben und sich eigene, vielleicht unliebsame Entscheidungen ersparen wollen, indirekt für oder gegen etwas entscheiden, und dass dies weitreichende Folgen für ihr Leben hat. Denn auch zu schweigen oder nichts zu tun ist eine Entscheidung, die sie treffen. Und manchmal erfahren sie gerade darüber besondere Aufmerksamkeit.

Auch resiliente Menschen geraten durch belastende Ereignisse oder widrige Umstände, die sie nicht kontrollieren können, manchmal in die Opferrolle. Doch sie bleiben nicht auf Dauer darin stecken. Nach einiger Zeit sammeln sie ihre Kräfte, um Schritt für Schritt die Teile zu verändern, die ihrem Einfluss unterliegen. Einen gewissen Einfluss haben Sie in jeder Lage. Selbst wenn Sie nicht direkt auf die Gegebenheiten einwirken können, liegt es in Ihrer Hand, wie Sie damit umgehen und welche innere Haltung Sie dazu einnehmen.

Wer ist schuld? – Schuldgefühle und Schuldzuweisungen

Wenn Sie sich schuldig fühlen, heißt das, dass Sie es wieder machen werden. (Ron Smothermon)

Wie denken Sie über Schuld? Welche Gefühle löst es in Ihnen aus, schuld zu sein? In welchen Situationen oder bei welchen Vorkommnissen neigen Sie besonders dazu, anderen Schuld zu geben? Welche Erfahrungen haben Sie mit dem Thema Schuld in Ihrem Leben gemacht?

Schuld ist die Kehrseite der Opferhaltung. Wenn man selbst so wenig Kontrolle und Einfluss zu haben glaubt, dann muss es jemand anderen geben, der Schuld hat. Menschen in der Opferhaltung neigen dazu, entweder anderen die Schuld für ihre Misere zuzuschreiben oder sich selbst mit unangemessenen Schuldgefühlen abzustempeln. Auf den ersten Blick mögen solche Schuldzuweisungen entlasten, doch letztlich lähmen sie alle Beteiligten. So verhindern sie, dass Verantwortlichkeiten und Einflussmöglichkeiten geklärt und konkrete Schritte zur Verbesserung oder Veränderung eingeleitet werden.

Eigene wie auch fremde Schuldzuweisungen bewirken in der Regel, dass man sich schlecht fühlt. Schuldgefühle verunsichern, machen klein und ängstlich oder vorwurfsvoll und aggressiv. Sie treiben uns geradewegs in die defensive Opferhaltung. Selbst wenn sie nur beschuldigt werden, die Tickets nicht eingesteckt, sich für die Präsentation nicht genügend vorbereitet oder einen Kunden nicht überzeugt zu haben, reagieren die meisten Menschen automatisch mit Gegenvorwurf oder Rechtfertigung. Für die Veränderung einer Situation oder eines Verhaltens ist Schuld völlig funktionslos. Uns schuldig zu fühlen führt nämlich keineswegs dazu, dass wir unser Verhalten ändern. Es führt lediglich dazu, dass wir unser Denken und Tun erklären, entschuldigen und rechtfertigen – und es dennoch oder gerade deswegen beibehalten.[22]

Schuldzuweisungen bewirken vor allem, dass die zu Tage getretenen Probleme als solche ignoriert werden und sich verfestigen oder verschlimmern. Statt die bisherigen offensichtlich unzureichenden Lösungen und Vorgehensweisen zu optimieren, beschränkt man sich darauf, den oder einen Schuldigen zu finden, unter Umständen zu bestrafen – und geht dann wieder zur Tagesordnung über. Ist erst einmal ein Schuldiger benannt, lehnen sich alle anderen erleichtert, manchmal auch selbstgefällig, zurück. Wenn Menschen zu Schaden gekommen sind, werden häufig Rücktrittsforderungen an die Verantwortlichen laut. Damit allein ändert sich aber noch nichts. Es sollte als gemeinsame Aufgabe aller Beteiligten verstanden werden, unverzüglich zu klären, wie es zu dem Missstand gekommen ist, wie der Schaden wieder gutgemacht werden kann, und wie man mit vereinten Kräften verhindern kann, dass Ähnliches sich wiederholt.

Wenn wir statt Schuld die Ver*antwort*ung übernehmen, werden wir frei, auf schwierige Problemlagen angemessene *Antworten* zu finden und umzusetzen. Verantwortung zu übernehmen, statt Schuld zu verteilen macht konstruktiv und handlungsfähig: Resiliente Menschen kümmern sich mehr darum, sich selbst oder die Verhältnisse zu verändern und anzupassen, als sich in der ineffektiven Schuldfrage zu verlieren. Dies setzt voraus, unterscheiden zu können, wofür sie verantwortlich sind und wofür nicht. Verantwortlich bin ich für das, was ich beeinflussen und kontrollieren kann. Jeder hat also die Verantwortung für seine eigenen Gedanken, Gefühle und Handlungen. Wie andere Menschen darauf reagieren, liegt hingegen in deren Ermessen und Verantwortung.

Im Naikan, einer japanischen Lebensphilosophie und Meditationspraxis, geht man davon aus, dass jeder Mensch mit dem, was er tut oder lässt, anderen immer wieder Schwierigkeiten bereitet. Man kann das gar nicht verhindern, und es nutzt nichts, sich deswegen schuldig zu fühlen. Vielmehr geht es darum, sich dessen bewusst zu werden und verantwortungsvoll und mit Respekt für alle Beteiligten damit umzugehen.[23] Ich trage Verantwortung dafür, wie ich anderen begegne, wie viel Anteilnahme ich zeige oder was ich ihnen zumute. Ob wir übergangen werden, jemand sich mit uns streitet oder wir verlassen werden – wir sind daran beteiligt. Auf jeden Fall sind wir verantwortlich dafür, wie wir die Situation deuten und wie wir reagieren. Ich kann aber nicht beeinflussen, was andere fühlen, denken oder tun – und dafür bin ich auch nicht verantwortlich. Selbstverantwortung bedeutet anzuerkennen, dass ich immer auch selbst einen Anteil am Geschehen habe, und *diesen* Anteil redlich zu gestalten. Es schließt aber auch ein, den anderen ihren Part zuzugestehen und zu (über)lassen.

Sein Leben in die Hand nehmen: proaktiver Gestalter sein

Ich glaube nicht an die Verhältnisse. Diejenigen, die in der Welt vorankommen, gehen und suchen sich die Verhältnisse, die sie wollen, und wenn sie sie nicht finden können, schaffen sie sie selbst. (George Bernard Shaw)

Wie treffen Sie die Entscheidungen über das, was Sie tun oder lassen? Sind Ihnen Ihre wichtigsten Ziele bewusst? Was brauchen Sie, um aktiv zu werden? Reagieren Sie in erster Linie auf das, was Ihnen begegnet, oder geht die Initiative von Ihnen aus? Was erwarten Sie von anderen?

Resiliente Menschen sind proaktiv[24]: Sie warten nicht, bis sie zum Reagieren gezwungen sind, sondern ergreifen frühzeitig die Initiative. Wenn Sie sich für Ihr Wohlergehen weitgehend selbst zuständig fühlen, bedeutet das, dass Sie Gestalter und nicht Opfer Ihrer Lebensgeschichte sind.

Proaktive Gestalter machen sich bewusst, was sie langfristig erreichen wollen, und steuern zielstrebig darauf zu. Dennoch sind sie in der Lage, sich auf unerwünschte, ungeplante und unvorhergesehene Veränderungen einzulassen. Wenn es Erfolg versprechend ist, probieren sie auch neue Wege und ungewohnte Vorgehensweisen aus, ohne dabei ihre Ziele und Werte aus den Augen zu verlieren. Dass sie dabei auch einmal scheitern, Fehler machen und sich blamieren können, nehmen sie in Kauf. Sie verwerten ihre Erfahrungen und Erkenntnisse und starten einen neuen Versuch.

Auch Menschen mit einem hohen Grad an Selbstverantwortung und Eigeninitiative sind nicht begeistert, wenn ihnen Fehler unterlaufen, wenn sie Entscheidungen revidieren oder Verluste hinnehmen müssen. Doch sie sind überzeugt, dass sie daraus lernen können. Bei Misserfolgen filtern sie vor allem die Faktoren heraus, die ihrem Einfluss unterliegen und die sie daher ändern können. Unsichere Menschen betrachten Fehler in erster Linie als Beweis ihrer eigenen Unzulänglichkeit und lassen sich dadurch in ihrem Selbstwertgefühl erschüttern. Resiliente Menschen dagegen sehen und akzeptieren, dass gerade Fehler, Irrtümer und Umwege aufschlussreiche Quellen für zukünftigen Erfolg und persönliche Entwicklung sind.

Zusammenfassung:

Widerfahren Menschen Dinge, denen sie sich machtlos ausgeliefert sehen, fühlen sie sich als Opfer. Menschen, die überzeugt sind, dass sie weder auf ihre eigenen Gedanken, Stimmungen und Verhaltensweisen noch auf äußere Gegebenheiten Einfluss nehmen können, verharren dauerhaft in der Opferhaltung. Resiliente Menschen dagegen ergreifen nach einiger Zeit die Initiative, verlassen die Opferrolle und nehmen ihr Leben (wieder) in die Hand.

Resiliente Menschen übernehmen Verantwortung für sich selbst: für ihr Denken, Fühlen, Handeln und für ihre eigenen Angelegenheiten. Sie wissen zu unterscheiden, was ihrem Einfluss und ihrer Kontrolle unterliegt und was in den Verantwortungsbereich anderer fällt.

Weder belasten sie sich selbst mit überflüssigen und wirkungslosen Schuldgefühlen, noch werfen sie anderen vor, an ihren Problemen schuld zu sein. Sie nehmen wahr, wo sie anderen Menschen Schwierigkeiten bereiten. Dabei übernehmen sie die Verantwortung für das, was sie selbst sagen und tun, ohne in die Sphäre der anderen einzugreifen. Fehler und Rückschläge betrachten sie als Quelle von Lernen und Erfahrung und als Hinweise zur Verbesserung.

Wege zu mehr Selbstverantwortung,
s. Kap. 4.5, S. 156.

Woran Sie mangelnde Selbstverantwortung erkennen

Verharren in der Opferrolle

Wer sich an die Opferhaltung als Dauerzustand gewöhnt, nimmt sich die Möglichkeit zu sortieren, und zu erkennen, worauf er in der jeweiligen Lage Einfluss nehmen kann und wo er daher mit entschlossenem Handeln weiter käme. Stattdessen ziehen „Dauer-Opfer" es vor, sich ausgiebig bedauern zu lassen oder Missstände und Ungerechtigkeiten zu beklagen. Ein deutliches Signal für unangemessenes Verharren ist es, wenn die Betreffenden immer wieder unverändert um dieselben Themen – und letztlich um sich selbst – kreisen.

Menschen, die ihr Leben in eigener Verantwortung gestalten, reagieren meistens ablehnend, wenn sie bemitleidet werden. Sie erleben mitleidige Zeitgenossen als respektlos, weil sie ihnen nicht zutrauen, eigenständig ihre Probleme zu lösen und ihr Leben zu gestalten. Dadurch rauben sie den Betroffenen Energie und drängen sie geradezu in die Opferrolle. Diese Art von Mitleid ist zu unterscheiden von Mitgefühl. Wer aufrichtig mitfühlt, versucht die anderen emotional zu verstehen und sich in ihre Lage zu versetzen, ohne sie jedoch zu schwächen oder zu entmündigen und ihnen die Steuerung für ihr weiteres Vorgehen aus der Hand zu nehmen. Opfer dagegen sind für Mitleid und Bedauern sehr empfänglich und zementieren damit ihren Zustand der Hilflosigkeit, Abhängigkeit und Lähmung.

Schuldzuweisungen

Opfer sind oft sehr geschickt darin, bei anderen Gewissensbisse und Schuldgefühle für ihre Lage zu erzeugen. Besonders in Konflikten und Auseinandersetzungen reichen ihre Mittel von subtilen Unterstellungen bis hin zu massiven Vorwürfen, um andere in die Rolle des Schuldigen oder Täters zu drängen und sich selbst damit auf die Opferrolle zurückzuziehen. Horst beteuert ständig, dass er einfach nicht verstehen kann, warum seine Frau ihn vor fünf Jahren verlassen hat, er habe alles für sie getan, aber sie habe es ihm nicht gedankt. Alternativ dazu machen sie sich selbst zum Märtyrer, indem sie die Schuld für alles und jedes auf sich nehmen und sich mit wiederkehrenden Selbstvorwürfen quälen. Die alleinerziehende Anja leidet unter ihrem chronisch schlechten Gewissen, weil ihr Sohn das Abitur nicht geschafft hat; das liege nur daran, dass sie ihm keine perfekte Familie bieten konnte. Dauer-Opfer aktivieren immer wieder ihre Enttäuschung darüber, dass einige Dinge in ihrem Leben nicht nach ihren Vorstellungen laufen oder gelaufen sind.

Passive Vermeidungshaltung

Eine Reihe von Menschen, denen es am rechten Maß von Selbstverantwortung fehlt, schreiben Krisen oder die Möglichkeit des Misslingens überwiegend Bedingungen und Einflüssen zu, die außerhalb ihrer Kontrolle liegen. Sie gehen fest davon aus, dass sie keine Möglichkeit haben oder es nicht schaffen können, die Gegebenheiten zu ändern. Dass sie sich dazu nicht in der Lage sehen, betrachten sie wiederum als Beweis ihrer Unfähigkeit oder ihres Pechs. So setzen sie einen Teufelskreis aus Selbstzweifeln und Vermeidungsverhalten in Gang.

Bei anderen liegt der Grund darin, dass sie Angst haben, sich durch Fehler oder Misserfolge zu exponieren oder sogar zu blamieren. Um sich das zu ersparen, vermeiden manche, sich überhaupt eigene Ziele zu setzen. Andere träumen zwar davon, bringen aber nicht die Energie auf, konkret etwas für das Erreichen ihrer Ziele zu tun. Sie schieben die Umsetzung immer wieder auf oder geben schnell auf, wenn Schwierigkeiten oder Misserfolge auftauchen.

Beide Gruppen flüchten sich häufig in sehr überzeugend vorgebrachte Ausreden und Entschuldigungen:
- „Es hat doch sowieso keinen Zweck."
- „Das ist gar nicht zu schaffen."

- „Es kommt eben immer etwas dazwischen."
- „Das konnte ich gar nicht erreichen."
- „Ich musste in der Situation einfach aufgeben."

Diese Ausflüchte bringen zwar kurzfristig Entlastung, weil die Betreffenden auf diese Weise Versagensängsten und Gefühlen von Beschämung und Minderwertigkeit entgehen. Doch geben sie damit auch alle Handlungsmöglichkeiten auf, die ihnen Erfolgserlebnisse vermitteln und sie aus diesem Teufelskreis herausbringen könnten.

Die „Aber zuerst"-Falle

Selbstverantwortung übernehmen heißt, das in den Blick zu nehmen, was ich selbst beeinflussen, kontrollieren und gestalten kann. Besonders bei Konflikten und Beziehungsproblemen haben die Beteiligten aber oft sehr konkrete Vorstellungen davon, was *der andere* tun müsste, um die Situation zu verbessern. Jeder fordert vom anderen, dass er sich zuerst ändert, und fühlt sich völlig im Recht, bis dahin zu mauern.

- „Mir ist schon klar, dass der Chef durch die neuen Vorgaben unter Druck steht, aber wenn er nicht zuerst mal Verständnis für uns zeigt, geht gar nichts."
- „Solange mein Kollege sich nicht entschuldigt, brauche ich ihn auch nicht zu grüßen."
- „Ich bin ja bereit auf meinen Sohn einzugehen, aber er muss auch mal zuhören."

Mit solchen Bedingungsschleifen wird dem Gegenüber die Gesamtverantwortung für jegliche Veränderung zugeschoben. Natürlich heißt das Prinzip Selbstverantwortung nicht, dass nicht auch andere sich ändern sollten und dass man dazu keine Wünsche äußern oder Vorschläge machen darf. Es bedeutet aber, dass wir *zuerst* bei uns selbst schauen, was wir anders machen können, um Konflikte zu entschärfen und die günstigsten Voraussetzungen für eine Veränderung zu schaffen, statt Forderungen an die anderen zu stellen.

Nicht Nein sagen können

Gerade Menschen mit hohem Verantwortungsbewusstsein mangelt es häufig an Selbstverantwortung. Es fällt ihnen sehr schwer, Nein zu sagen, weil sie befürchten, dann nicht mehr geliebt zu werden oder sich angreifbar zu machen. So belasten sie sich mit Angelegenheiten, die nicht die ihren sind, übernehmen Aufgaben und Pflichten, gegen die sie sich innerlich wehren, oder fühlen sich für alles und jeden (persönlich) verantwortlich. Weil sie dabei aber die Verantwortung für sich selbst nicht ernst nehmen, für ihr Denken und Handeln, für ihre Verfassung und die Grenzen ihrer Belastbarkeit, geraten sie unmerklich in die Opferrolle. Dann reagieren sie vorwurfsvoll oder gekränkt, abhängig von der Zuwendung ihrer Umgebung. Erschöpft und ausgelaugt von ihrer Selbstausbeutung erwarten sie, dass die anderen die Grenzen, die sie selbst nicht ziehen, von sich aus erkennen und sie schonen.

Beziehungen gestalten

Alles wirkliche Leben ist Begegnung.
Martin Buber

Mit wem teilen Sie Ihr Leben? Welche Menschen waren und sind an Ihren Erfolgen und Niederlagen beteiligt? Was haben sie dazu beigetragen? Auf wen können Sie zählen? Wem stehen Sie bei in schweren Zeiten? Wodurch fühlen Sie sich anderen Menschen verbunden?

Die Qualität unserer Beziehungen macht einen großen Teil unserer Lebensqualität aus. Resiliente Menschen zeichnen sich neben der persönlichen Intelligenz der Selbstregulierung durch ausgeprägte soziale Kompetenzen aus. Ihre Menschenkenntnis und ihr Interesse an anderen ermöglichen ihnen, deren Beweggründe und Reaktionen einzuschätzen. Sie sind bereit und in der Lage, sich auf unterschiedliche Menschen einzustellen, ohne sich selbst zu verbiegen. Resiliente Menschen scheuen sich nicht, andere in Anspruch zu nehmen, wenn sie Unterstützung brauchen oder die Sache es erfordert. In gleichem Maße sind sie selbst bereit, ihr Wissen, ihre Erfahrung oder ihre Arbeitskraft zur Verfügung zu stellen, wo es nötig und gewünscht ist. Gegen unangemessene Forderungen oder fremde Erwartungen können sie sich jedoch abgrenzen.

Netzwerke

Wenn wir uneins sind, gibt es wenig, was wir tun können. Wenn wir uns einig sind, gibt es wenig, was wir nicht tun können. (John F. Kennedy)

Es gehört zu den menschlichen Grundbedürfnissen, mit anderen zusammen zu sein und von anderen Wertschätzung und Anerkennung zu erfahren. Soziale Netze geben emotionale Stabilität und vermitteln das Gefühl, einen festen Platz im Leben zu haben und dazuzugehören. Sie müssen dafür weder groß noch zahlreich sein. Vielmehr kommt es auf die Qualität der Beziehung und der Unterstützung an. Untersuchungen zeigen, dass Menschen mit engen familiären oder freundschaftlichen Beziehungen sich weniger gestresst fühlen, sich schneller von Infekten und Herzanfällen erholen und länger leben. Die Kinder in der oben genannten Kauaistudie, deren Leben über 40 Jahre lang in den Blick genommen wurde, konnten einen ungünstigen familiären Hintergrund kompensieren, wenn sie wenigstens eine vertrauensvolle Beziehung zu einem Erwachsenen außerhalb hatten. Es ist eine Binsenweisheit, dass wir uns unsere Familie und unsere Verwandten nicht aussuchen können. Sie können jedoch entscheiden, wie Sie mit ihnen umgehen und welchen Einfluss auf Ihr eigenes

Leben Sie zulassen. Auch Ihre Kunden, Kollegen und Vorgesetzten können Sie sich in der Regel nicht auswählen. Im privaten Bereich haben Sie dagegen die Wahl, mit welchen Menschen Sie sich umgeben und welche Freundschaften Sie pflegen. Resiliente Menschen verlassen sich nicht nur darauf, dass andere auf sie zukommen. Sie interessieren sich für unterschiedliche Menschen und führen Kontakte und Begegnungen bewusst und gezielt herbei. Effiziente Netzwerke aufzubauen und zu pflegen ist keine Aufgabe, die delegiert werden kann. Hier ist jeder persönlich gefragt.

Es gibt ganz unterschiedliche Arten von Netzwerken. Wir verfügen über ganz intime wie Familie und enge Freunde und über lockere Netzwerke wie gesellschaftliche Kontakte. Zufällige Netzwerke ergeben sich in einer Nachbarschaft oder unter Menschen, die sich immer wieder am gleichen Urlaubsort treffen, während gewisse berufliche Kontakte nur über strategisch aufgebaute und gepflegte Netzwerke zustande kommen. Netzwerke basieren auf der Erkenntnis und dem Bewusstsein, dass wir nicht alles selbst tun und können müssen. Sie ermöglichen Vorhaben, vor denen wir alleine kapitulieren würden. Viele anspruchsvolle Pläne und Projekte lassen sich nur verwirklichen, wenn es genug Mitwirkende gibt, die an einem Strang ziehen. Forschungen zeigen, dass soziale Fähigkeiten der entscheidende Schlüssel sind, um im kulturellen Umfeld zu lernen und Intelligenz zu entwickeln. Geistiger Fortschritt ist immer eine Gruppenleistung: Einer hat eine Idee, andere knüpfen daran an und entwickeln sie weiter.[25] Auch die größten Reformer und Initiatoren haben ihre Erfolge nicht alleine geschafft, sondern waren und sind angewiesen auf den Beitrag der anderen.

Empathie

Ich will geliebt sein oder ich will begriffen sein.
Das ist eins. (Bettina von Arnim)

Glaubwürdiges Interesse an anderen und ehrliche Anteilnahme sind zwei Voraussetzungen, damit Netzwerke nicht zu seelenlosen Konstrukten verkommen, von denen man mit möglichst wenig Investition möglichst viel profitieren will. Empathie ist die Fähigkeit, sich in die Gedanken, Gefühle und Haltungen anderer hineinversetzen zu können. Das fällt uns in der Regel leicht, wenn wir Übereinstimmendes entdecken oder andere uns sympathisch sind. Bei Menschen, mit denen wir Schwierigkeiten haben, sinkt unsere Bereitschaft, ihre Beweggründe und ihre Verfassung nachzuvollziehen. Es in diesen Fällen bewusst und gezielt zu versuchen, ist Teil unserer sozialen Kompetenz, oft auch einer professionellen Haltung. Ob in der Erziehung, in der Pflege, im Umgang mit Kunden, Mitarbeitern oder Vorgesetzten – die grundsätzliche Bereitschaft und die Fähigkeit, andere zu verstehen, auch wenn sie schimpfen, uns auf die Nerven gehen oder querschießen, ist die Basis für konstruktive Kommunikation.

Viele Menschen sind in der Lage, ihre spontan ablehnende Haltung einem Menschen gegenüber zu ändern, wenn sie es sich erklären und Verständnis dafür aufbringen können.[26] Wissen sie, dass die Auszubildende gerade heftig unter Liebeskummer leidet, nehmen sie ihren schnippischen Ton nicht krumm und sehen darüber hinweg, wenn sie bei der kleinsten Kritik in Tränen ausbricht. Erfahren sie, dass der unhöfliche Kellner gerade eine schlechte Nachricht bekommen hat, werden sie nachsichtiger gegenüber seinem unangemessenen Verhalten. Voraussetzung dafür ist, dass ihr Ärger darüber sich noch in Grenzen hält. Übersteigt er allerdings ein gewisses Maß – und dafür sind der Kellner und die Auszubildende unter Umständen gar nicht verantwortlich – stimmt keine noch so einleuchtende Erklärung milde. Für wohltuende Beziehungen ist es also wichtig, bereit und in der Lage zu sein, sich in andere hineinversetzen zu können. Es kommt aber auch darauf an, sich selbst so zu regulieren, dass nicht unverhältnismäßig starke Impulse wie Ärger, Frust oder Enttäuschung diese Einfühlung blockieren.

Empathie wirkt nicht nur nach außen, sondern betrifft auch die eigene Person. Wer nachempfinden kann, wie man sich fühlt, wenn man Ängste, Sorgen oder Ärger hat, sich deprimiert fühlt oder in seinem Selbstwertgefühl erschüttert ist, der bringt auch Verständnis für sich selbst in schwierigen Lebensphasen oder bei Entscheidungen und Verhaltensweisen der Vergangenheit auf. Das heißt nicht, dass man gut finden muss, wie andere oder man selbst sich verhalten hat, sondern dass man es emotional nachvollziehen kann. Dieses Verständnis bewirkt, dass wir auf unpassendes, unerwünschtes oder feindseliges Verhalten maßvoller, nachsichtiger und konstruktiver reagieren können.

Soziale Flexibilität

Behandle Leute so, als ob sie das wären, was sie sein könnten, und hilf ihnen, das zu werden, was sie werden könnten. (Johann Wolfgang v. Goethe)

Emotionale Intelligenz[27] ist eine wesentliche Komponente von Resilienz. Die Signale, die wir von anderen aufnehmen und auf unsere eigene Art und Weise deuten, beeinflussen, wie wir mit den Betreffenden umgehen. Emotional intelligente Menschen bekommen andererseits ziemlich gut mit, wie sie selbst wahrgenommen werden. Sie nehmen auch subtile und indirekte Rückmeldungen von anderen auf und verwerten sie. Die Wirkung, die wir auf andere haben, hat wiederum einen großen Einfluss auf die Art und Weise, wie diese Menschen mit uns umgehen. Sie bestimmt mit, ob ihre Reaktion mehr von Respekt und Kooperation oder von Ärger und Misstrauen geprägt ist. Resiliente Menschen merken, wenn sie bei anderen eine Wirkung erzielen, die sie nicht wünschen oder nicht beabsichtigen. Sie sind dann bereit und in der Lage, ihr eigenes Verhalten zu ändern und erwarten das nicht nur von den anderen. Indem sie über ihre Interaktionen mit anderen nachdenken, sie bewusst gestalten und eigene blockierende negative Überzeugungen ändern, erweitern sie ständig ihre Beziehungskompetenzen.

Das bedeutet nicht, dass resiliente Menschen keine Konflikte kennen oder nur in harmonischen Beziehungen leben. Doch sie haben gelernt zu unterscheiden zwischen negativen Bindungen, die geprägt sind durch übergroße Abhängigkeit, Bedürftigkeit oder Manipulationen, und positiver Verbundenheit, in der eine wohltuende Balance von Nehmen und Geben herrscht. Resiliente Menschen umgeben sich überwiegend mit Menschen, die Letzteres sicherstellen, und halten die auf Distanz, die Ersteres fordern oder praktizieren. Sie sind in der Lage, sich neu zu orientieren, wenn sie von einer Person etwas erwarten, was diese ihnen nicht erfüllen kann oder will, statt endlos und immer wieder darunter zu leiden. Lena hat lange unter der kühlen Atmosphäre und dem gleichgültigen Umgang in ihrer Familie gelitten und immer wieder vergeblich versucht, eine positive Resonanz auf ihre Gefühle und Zeichen der Nähe zu bekommen. Inzwischen versteift sie sich nicht mehr darauf, die ersehnte Wärme und Geborgenheit unbedingt von den Mitgliedern ihrer Herkunftsfamilie zu bekommen. Sie hat einen guten Weg mit anderen Menschen gefunden und fühlt sich bei warmherzigen Freunden zu Hause.

Diese soziale Flexibilität ist das Pendant zu Flexibilität im Denken bei der Lösungsorientierung. Resiliente Menschen erkennen, worin andere einen wertvollen Beitrag leisten können. Sie stoßen die Ideen und die Beteiligung anderer an. Die

Kunst besteht darin, sie so miteinander zu verbinden, dass jeder sich seinen individuellen Talenten und Stärken entsprechend einbringen kann. Das verhindert, dass er seine Energie an Dinge verschwendet, die ihm nicht liegen und für die er unverhältnismäßig viel Kraft und Zeit aufwenden müsste. Das gilt für die Organisation von Straßenfesten und Betriebsausflügen genauso wie für die Produktentwicklung oder die Realisierung neuer Personalführungskonzepte. Manchen geht es leicht von der Hand, die praktische Umsetzung zu organisieren, andere finden den richtigen Ton, um die Anliegen der Gruppe an unterschiedlichen Stellen zu vermitteln, und wieder andere scheinen einen unerschöpflichen Vorrat an Ideen zu haben. So kann das Ergebnis einer geglückten Verzahnung die Summe bester Einzelergebnisse weit übersteigen. Nicht resiliente Menschen ziehen sich bei Krisen und Unsicherheit eher von anderen zurück. Sie wollen keine Schwäche zeigen, sich keine Blöße geben oder sind überzeugt, dass sie es alleine besser können. Menschen mit hoher sozialer Flexibilität kennen ihre Grenzen und wissen, wann sie die Hilfe anderer brauchen. Sie finden es normal, sich in schwierigen Zeiten Unterstützung zu holen, ohne dass ihr Selbstbild dadurch Schaden nimmt.

Verbundenheit und Engagement

Niemand ist eine Insel. (John Donne)

Resiliente Menschen leben nicht isoliert, sondern in Verbindung zu anderen Menschen, zu Wertvorstellungen und Lebensphilosophien. Im Gefühl der Verbundenheit[28] spüren wir, dass wir Teil von etwas sind, das größer ist als wir selbst. Manche empfinden diese Verbundenheit vor allem in ihrer Familie oder unter Freunden. Andere erfahren sie eher in einem Team, in einer Organisation, einer Religionsgemeinschaft oder erleben sie, wenn sie sich im Einklang mit ihren höchsten Werten fühlen. Wie sehr wir auf andere angewiesen sind, zeigt eine Studie, nach der die einsamsten Menschen ein dreimal höheres Sterblichkeitsrisiko haben als solche mit sozialen Beziehungen, selbst wenn bei diesen andere Risikofaktoren hinzukommen. Dabei ist die Art der Beziehung, ob Familie, Kirche, Verein oder Dorfgemeinschaft unerheblich. Wichtig ist dagegen, mehrere solcher Verbindungen zu haben.[29] Wenn Sie erwarten, dass ein Mensch oder eine Gruppe Sie in allen Lebenslagen auffangen kann, werden Sie früher oder später enttäuscht sein. Wir überfordern uns und andere, wenn wir glauben, jederzeit für alle Bedürfnisse und Wunschvorstellungen herhalten zu müssen und zu können. In schwierigen Situationen stehen uns manchmal überraschend Menschen zur Seite, an die wir vorher nicht gedacht hätten.

Viele Menschen mit „Ehrenämtern", in denen sie sich freiwillig für andere Menschen oder eine gute Sache einsetzen, bestätigen, dass sie viel zurückbekommen für ihren Einsatz. Soziales Engagement und Gemeinsinn spielen eine große Rolle für die Entwicklung von Resilienz. Es stärkt uns selbst, wenn wir das Leben anderer erleichtern oder bereichern.[30] Dazu bedarf es keiner spektakulären Aktionen, Sie können das gerade auch in kleinen Alltagssituationen erleben. Es ist eine alte Lebensweisheit, dass Ängste und Sorgen kleiner werden, wenn wir uns um andere kümmern, statt nur um uns selbst zu kreisen. Menschen fühlen sich gut, wenn sie für andere etwas bewirken können. Auf diese Weise geben nicht wenige Menschen dem Leid, das ihnen widerfahren ist, ihren individuellen Sinn. Selbsthilfegruppen entwickeln sich meistens aus dieser Motivation heraus. Die Initiatoren wollen Menschen in ähnlichen Situationen ihr Schicksal erleichtern, indem sie ihr Wissen und ihre Erfahrungen weitergeben. So bekommt es über die eigene Verarbeitung hinaus einen Nutzen. Mitglieder tauschen sich aus, finden Trost und Hilfe bei einem verständnisvollen empathischen Gegenüber. Wenn sie ihre

Probleme nach und nach verarbeitet haben, übernehmen sie selber diese Rolle für andere.

Unabhängig davon, ob Sie es beabsichtigen oder nicht, hat alles, was Sie tun und sagen, eine Wirkung auf andere Menschen. Verbundenheit entsteht durch alles, was wir an Wissen, Erfahrungen, Wertschätzung und Ermutigung empfangen und weitergeben. Ein stabiles positives Selbstbild machen wir uns zu eigen, indem wir unsere Selbstwahrnehmung immer wieder abgleichen mit dem Eindruck, den wir bei anderen erzeugen, und der Rückmeldung, die wir bekommen. Menschen, die uns diese Rückmeldung so geben, dass sie uns ermutigt und weiterbringt, sind wahrhaftig und liebevoll zugleich. Auf die gleiche Weise können Sie auch viel für andere tun. Wenn Sie andere ermutigen und bestärken, haben Sie teil an ihrer Entfaltung und erfahren im Gegenzug häufig eine tiefe Befriedigung.

Zusammenfassung:

Resiliente Menschen schaffen sich unterschiedliche Stützsysteme, auf die sie zurückgreifen können. Statt alles alleine bewältigen zu wollen, halten sie Ausschau nach Unterstützung und pflegen die Beziehungen, die sie dazu brauchen. Ohne sich von anderen vollkommen abhängig zu machen, ergänzen sie ihre eigenen Kenntnisse, Fähigkeiten und Talente mit den Ressourcen anderer.

Empathie ist die Bereitschaft und die Fähigkeit, sich in andere hineinversetzen und ihre Beweggründe nachvollziehen zu können, egal, ob sie uns sympathisch sind oder nicht. Ihr hohes Maß an Empathie versetzt resiliente Menschen auch in die Lage, anhand verbaler und nonverbaler Signale zu entschlüsseln, wie ihr eigenes Tun und ihre Verfassung auf andere wirken.

Ein Merkmal resilienter Menschen ist ihre emotionale Intelligenz und soziale Flexibilität. Sie erkennen die un-

terschiedliche Art und Intensität von Beziehungen und können diese differenziert gestalten. Sie schaffen sich ein Umfeld, in dem sie auf vielfältige Ressourcen zurückgreifen können, statt sich auf einzelne einseitige Kontakte zu beschränken oder sich auf sich selbst zurückzuziehen.

Resiliente Menschen sind bereit, ihr Wissen und ihre Fähigkeiten in ihr Umfeld und in die Gesellschaft einzubringen. Sie unterstützen andere bei ihren Vorhaben, ohne sich selbst zu verausgaben. Aus diesem Engagement ziehen sie wieder Kraft für sich selbst. Überzeugt von ihrem persönlichen Wert, helfen sie gleichzeitig anderen, ein gutes Selbstwertgefühl zu entwickeln.

Wege zu mehr Beziehungskompetenz
s. Kap. 4.6, S. 162.

Woran Sie einen Mangel an Beziehungskompetenz erkennen

Fehlende oder einseitige Netzwerke

Manche Menschen scheuen den Zeitaufwand oder die Mühe, die es erfordert, Beziehungsnetze am Laufen zu halten. Einige glauben, dass sie allein besser zurechtkommen oder wollen niemandem etwas schuldig sein. Andere befürchten, selbst zu kurz zu kommen, wenn sie sich einbringen. Wer grundsätzlich lieber für sich bleibt, verzichtet auf eine wichtige Komponente für Resilienz. In manchen Netzwerken gibt es „Gutsherren und Lehnsleute". Die einen schauen vor allem darauf, wie sie sich bedienen können, und geben wenig dazu. Die anderen investieren einseitig und fühlen sich auf Dauer ausgenutzt. Beide Haltungen lassen Beziehungsnetze zusammenbrechen oder schon im Entstehen auseinanderfallen.

Viele Menschen umgeben sich am liebsten mit Personen, die genauso sind und denken wie sie selbst. Damit schaffen sie sich eine ständig sprudelnde Quelle der Selbstbestätigung und brauchen sich nicht in Frage zu stellen. Natürlich tut es gut, wenn andere unsere Gedanken, Eindrücke und Überzeugungen teilen. Das verbindet und gibt Sicherheit. Wird es aber zur Voraussetzung für engere Beziehungen, können sich eigene Sichtweisen zu unumstößlichen Wahrheiten verfestigen. Wer Menschen, die anders sind, denken und handeln, systematisch aus dem Weg geht, lernt nicht, sich mit anderen Vorstellungen auseinanderzusetzen, persönliche Vorlieben zu relativieren und Widersprüche auszuhalten.

Übertriebene Erwartungen

Menschen, die verbittert sind, rechtfertigen dies häufig damit, dass sie von anderen enttäuscht wurden. Nur selten machen sie sich klar, dass es gerade ihre überzogenen oder unrealistischen Erwartungen sind, die zu der Enttäuschung geführt haben. Die Vorstellung, dass unsere Bezugspersonen uns jederzeit ganz nach Bedarf trösten, unterhalten, aufrichten, anspornen oder bestätigen sollen, überfordert auf Dauer jede Beziehung.

Auch manche Gruppen und Netzwerke werden mit übertriebenen Ansprüchen überfrachtet, die sie nicht erfüllen können. Eine Sportgruppe kann eine vertraute Gemeinschaft sein, wenn man gemeinsam durch den Wald läuft oder schwimmen geht und vielleicht hinterher noch zusammensitzt. Man kommt auf andere Gedanken, unterhält sich und lacht zusammen. In der Regel wird man aber kaum die gleiche Lebensphilosophie oder Weltanschauung teilen – und oft auch keine Lust haben, sich in diesem Rahmen darüber auseinanderzusetzen. Die Freundin, mit der man stundenlang einträchtig über Gott und die Welt philosophieren kann, ist wahrscheinlich nicht der geeignete Partner für einen mehrtägigen Wanderurlaub, weil sie weder den Bergen noch dem Laufen etwas abgewinnen kann. Wer nicht unterscheiden und respektieren kann, was eine Beziehung trägt und was nicht, und wer die Grenzen anderer nicht akzeptiert, wird immer wieder frustriert werden – und die Schuld dafür wahrscheinlich bei den anderen suchen.

Fehlende Kritikfähigkeit

Um zu merken, ob wir uns in einseitige Vorstellungen verrennen oder noch auf Kurs sind, brauchen wir außer einer guten Selbstwahrnehmung auch ein Korrektiv von außen. Es ist eine verbreitete Haltung, für Rückmeldungen von anderen offen zu sein, solange sie positiv sind. Diese Haltung ist eine Falle. Um uns zu schonen, berauben wir uns einer wichtigen Informationsquelle, die uns Aufschluss darüber gibt, wie wir von außen gesehen werden. Auch wenn es nicht leicht fällt und Sie vielleicht in Ihrer Eitelkeit kränkt, können Sie lernen, auch weniger positive Äußerungen dankend anzunehmen. Das bedeutet nicht, dass Sie die Meinung teilen müssen, sondern dass Sie sie als Impuls für Ihre Selbstreflexion sehen. Dann können Sie in aller Ruhe für sich selbst entscheiden, was daran zutreffend ist und was Sie damit anfangen. Nicht resiliente Menschen suchen bei Kritikäußerungen die Schwachstellen beim Gegenüber: „Sie haben wohl selbst ein Problem mit ..." oder „Das denkst du nur, weil ...!" Solche Analysen werten die Wahrnehmung des Gegenübers ab und zeugen von einem Mangel an innerer Selbstsicherheit.

Negative Vorannahmen

Manche Leute verwechseln „einfühlen" und „verstehen" mit „zustimmen" oder „nachgeben". Sie haben Angst, übervorteilt zu werden, wenn sie (zu) verständnisvoll sind. Ständig fragen sie sich, was die anderen wohl im Schilde führen könnten. Carola ist vielen Kollegen gegenüber ziemlich misstrauisch. Wenn Gespräche abbrechen, vermutet sie, dass Schlechtes über sie gesprochen wurde. Häufig steigert sie sich so sehr in ihre negativen Erwartungen, dass sie alle vernünftigen oder mäßigenden Einwände ihrer Bürokollegin beiseite schiebt. Am Ende tut sie selbst, was sie den anderen unterstellt: Sie lässt sie ihre Vorbehalte spüren und macht sich keine Gedanken darüber, wie ihre Botschaft bei den anderen ankommt. Sich in negative Vorannahmen hineinzusteigern, macht blind dafür, wie destruktiv die eigenen Worte und nonverbalen Signale wirken.

Übertriebene Individualisierung

Wir leben in einer Gesellschaft, in der Selbstverwirklichung und individuelle Entfaltung großgeschrieben werden. Das schafft uns viele Freiheiten, herauszufinden, was wir selbst wollen, und es auch zu verwirklichen. Gleichzeitig suggeriert es, dass wir immer die richtige Auswahl treffen und uns aus der Allgemeinheit herausheben müssen. Bei allen Vorteilen kann dieser Druck zur Selbstbestimmung auch zu Orientierungslosigkeit und Vereinzelung führen. Gute Teams schaffen es, dass sich durch die Gemeinsamkeiten der Arbeit auch der Einzelne besser entfalten kann als alleine. Glücklichen Paaren gelingt es, dass beide ihre eigene Persönlichkeit entwickeln, sie sich gleichzeitig aber so aufeinander einstellen, dass sie wirklich ein Paar sind. Für diese Balance braucht es die Fähigkeit und die Bereitschaft, sich immer wieder zu anderen in Beziehung zu setzen und ihre Interessen und Eigenarten zu berücksichtigen. Ist dieses wechselseitige Eingehen aufeinander gestört, finden bestenfalls individuelle Entwicklungen Einzelner auf Kosten anderer statt. Resiliente Beziehungen beruhen aber immer auf Gegenseitigkeit.

Zukunft gestalten

> *Die Zukunft sollte man nicht vorhersehen wollen,*
> *sondern möglich machen.*
>
> Antoine de Saint Exupéry

Was erwarten Sie von der Zukunft? Haben Sie Träume, die Sie verwirklichen wollen? Haben Sie langfristige Ziele im Auge? Was können Sie heute schon dafür tun? Welche Wendepunkte oder grundsätzlichen Entscheidungen werden aller Wahrscheinlichkeit nach auf Sie zukommen? Welche Veränderungen werden Sie zu bewältigen haben?

Resiliente Menschen sehen die Zukunft in erster Linie als Potential. Was immer in der Vergangenheit war und in der Gegenwart ist, die Zukunft beinhaltet für sie neue Chancen und Möglichkeiten. Deshalb nehmen sie lieber möglichst viel Einfluss auf ihre Zukunft, statt sich immer wieder mit der Vergangenheit zu beschäftigen. Die Zukunft ist die Zeit, die wir durch Vorbereitung (mit)gestalten können, indem wir die Erfahrungen der Vergangenheit und die Tendenzen der Gegenwart verwerten. In der Zukunft spüren wir die Auswirkungen dessen, was wir heute tun. Sie ist die Zeit, in der sich Investitionen und Lernen von heute auszahlen. Die Zukunft ist die Gelegenheit, für die wir uns immer wieder entscheiden können, die Dinge anders zu machen.

Antizipation: vorausdenken und vorausfühlen

Man soll die Dinge so nehmen, wie sie kommen. Aber man soll auch dafür sorgen, dass die Dinge so kommen, wie man sie nehmen möchte. (Curt Götz)

Glauben Sie, dass Sie Einfluss auf Ihre Zukunft haben? Welche

Bilder haben Sie im Kopf, wenn Sie an die Zukunft denken? Rechnen Sie eher mit positiven oder mit negativen Entwicklungen? Sehen Sie eher Chancen oder eher Einschränkungen auf sich zukommen?

In einigen Branchen der Wirtschaft ist es von existentieller Bedeutung, gesellschaftliche Trends im Vorfeld zu erkennen und frühzeitig darauf zu reagieren. Die Kombination von analytischem Verstand und Erfahrungswissen erlaubt uns, begründete Vermutungen anzustellen, wie sich manche Dinge in der Zukunft entwickeln könnten. Natürlich können wir nicht wirklich wissen, was die Zukunft bringt, und auch bei bester Vorbereitung kann keiner sicher sein, dass alles wie erwartet eintreffen wird. Doch wenn Sie sich auf die vorhersehbaren Entwicklungen frühzeitig einstellen, haben Sie mehr Energie für die Verarbeitung *der* Ereignisse zur Verfügung, die tatsächlich überraschend eintreten.

Wenn man das Motto, die Dinge eben so nehmen zu müssen, wie sie kommen, zu sehr verallgemeinert, kann es suggerieren, man sei generell machtlos. Doch auf vieles, was uns in der Zukunft erwartet, haben wir einen Einfluss, der nicht zu unterschätzen ist. Denn abgesehen von nicht steuerbaren Ereignissen bekommen wir in der Regel das, was wir erwarten. Auf der Grundlage unseres Naturells und unserer Erfahrungen bilden wir unbewusst Vorannahmen, wie sich die Dinge entwickeln werden. Diese spiegeln aber nicht alles wieder, von dem wir bewusst *wollen*, dass es passiert, sondern generell das, wovon wir *glauben*, dass es passieren wird. Robert will das Tennismatch unbedingt gewinnen, ist aber innerlich überzeugt, dass er diesem „Angstgegner" unterlegen ist. In dem Fall heißt sein inneres Programm, das sein Spiel steuert, nicht „Ich werde gewinnen", sondern „Ich habe keine Chance" Unsere Vorannahmen beeinflussen, wie wir uns fühlen und wie wir reagieren. Erweisen sie sich als „richtig", fühlen wir uns bestätigt und vorbereitet und glauben alles unter Kontrolle zu haben. Stellen sich unsere Erwartungen als falsch heraus, sind wir irritiert, frustriert und verunsichert. Wir verhalten uns daher unbewusst so, dass unsere Einschätzungen möglichst bestätigt werden. Es lohnt sich also, unsere Denkgewohnheiten unter die Lupe zu nehmen und gegebenenfalls zu erschüttern, damit wir mögen, was wir bekommen, und bekommen, was wir mögen. Das bedeutet, dass wir uns bewusst machen, welche Vorannahmen uns an der Erfüllung unserer Wünsche und Ziele hindern, und deren Gültigkeit überprüfen. Ist es wirklich so? Woher weiß ich das eigentlich? Könnte es vielleicht auch ganz anders sein? Wenn es erst einmal gelingt, kleine Teile in der Mauer festgefahrener Überzeugungen zu lockern, haben wir gute Chancen, dass die Mauer zu bröckeln beginnt und den Weg für eine positive Veränderung freigibt.

Nicht nur, was wir aktuell denken und erwarten, auch die Bedeutung, die wir den Vorkommnissen der Vergangenheit beimessen, steuert unsere Befindlichkeit und unser Verhalten in der Zukunft. Wie Sie über das denken, was bis dahin gewesen ist, hat mehr Einfluss auf Ihre Zukunft als das, was tatsächlich gewesen ist. Peter und Johann haben beide eine gescheiterte langjährige Beziehung hinter sich. Peter hat sehr darunter gelitten, dass seine Freundin ihn verlassen hat. Er hat sich aber auch damit auseinandergesetzt, wie es dazu gekommen ist. Er ist sich sicher, dass er in der nächsten Beziehung einiges anders machen würde. Peter ist zu dem Schluss gekommen, dass sie beide viel an Beziehungserfahrung gewonnen haben, die ihnen in ihren künftigen Partnerschaften zugute kommt. Johann empfindet es immer noch als große Kränkung, dass seine Frau ihn verlassen hat. Er befürchtet, keiner Frau mehr vertrauen zu können. Auch er glaubt, daraus gelernt zu haben: Sollte er sich jemals wieder auf eine Beziehung einlassen können, was er sehr bezweifelt, wird er auf der Hut sein. Wer Krisen und schwere Zeiten als lehrreiche Erfahrungen und Reifungsprozesse verbucht, der öffnet sein Leben für positive Entwicklungen und wird günstige Gelegenheiten erkennen und ergreifen. Menschen, die hingegen ihre Erfahrungen so verarbeiten, dass sie nur noch das Schlimmste befürchten, werden ihre negativen Vorannahmen immer wieder bestätigt sehen wollen. Machen sie wider Erwarten gute Erfahrungen, betrachten sie diese als Zufallstreffer, während die negativen in ihren Augen der normalen Realität entsprechen.

Resiliente Menschen sind proaktive Gestalter ihrer Zukunft. Proaktiv sein bedeutet, dass sie nicht nur abwartend auf das reagieren, was auf sie zukommt, sondern von sich aus die Initiative ergreifen. Statt zu warten, bis die Verhältnisse sie zu einer Reaktion zwingen oder andere für sie Entscheidungen treffen, loten sie ihren eigenen Einflussbereich aus und nutzen ihn. Sie nehmen es in die Hand, sowohl ihren Gestaltungsspielraum wahrzunehmen als auch ihre eigene Entwicklung zu steuern.

Dafür brauchen sie die Fähigkeit und die Bereitschaft, anschauliche Vorstellungen über die Zukunft zu entwickeln. Resiliente Menschen sind in der Lage, Konsequenzen ihres eigenen Tuns und des Verhaltens anderer gedanklich vorwegzunehmen. Indem sie sich die damit verbundenen Gefühle wie Ängste, Traurigkeit, Freude oder Stolz intensiv vorstellen, versetzen sie sich auch emotional in die jeweiligen Situationen. Das gibt ihnen fundierte Entscheidungshilfen, welche Alternativen sie in der Gesamtwirkung ansprechen und welche sie nicht wollen. Auf die gleiche Weise setzen sie sich mit denkbaren Schwierigkeiten und Möglichkeiten ihrer Überwindung schon im Vorfeld auseinander. Dennoch bleiben sie offen, flexibel auf überraschende Entwicklungen zu reagieren.

Fokussierung – sich auf seine Lebensträume ausrichten

Binde deinen Karren an einen Stern. (Leonardo da Vinci)

Worauf kommt es Ihnen im Leben an? Was ist Ihnen so wichtig, dass Sie Ihre ganze Kraft dafür einsetzen? Was müssten Sie erreichen, um wirklich zufrieden zu sein? Wonach streben Sie, auch wenn es Sie viel Anstrengung kostet?

Menschen sind Sinnsucher. Uns langfristig auf etwas Bedeutungsvolles auszurichten gibt unserem Leben Substanz und Orientierung. Resiliente Menschen stellen ihr Tun in einen sinnvollen übergeordneten Zusammenhang. Auch und gerade in turbulenten Zeiten machen sie sich immer wieder bewusst, worauf es ihnen wirklich ankommt im Leben. Sie schenken den Informationen, die ihr unbewusster Verstand in Gestalt von Träumen und Visionen hervorbringt, gebührende Beachtung. Daran richten sie im Einklang mit verbindlichen Prinzipien und Werten ihre grundlegende Zielsetzung aus.

Visionen und überdauernde Wertvorstellungen geben Orientierung, besonders in Umbruchphasen und Krisenzeiten, wenn vertraute Bindungen sich auflösen oder gewohnte Verfahren in Frage gestellt werden. Wie Himmelskundige in der Wüste sich nach den Sternen richten, um ihren Weg zu finden, so weisen die Träume und Bilder unseres Unbewussten uns die grundlegende Richtung, in der unser Streben und Bemühen Erfüllung finden. Sie äußern sich als vage Ideen („Irgendwie wollte ich immer etwas ganz für mich alleine machen"), alte Sehnsüchte („Schon als Kind hat mich Afrika fasziniert") oder diffuse Bilder („Ich sehe mich immer auf einer hölzernen Veranda umgeben von Tieren"). Resiliente Menschen achten diese Botschaften und leiten daraus ihre langfristigen Ziele ab. Sie dienen ihnen als Filter, um die Fülle möglicher Richtungen und Vorgehensweisen nach ihrer subjektiven Bedeutsamkeit zu sortieren. Die Entscheidung für ihre persönlichen Lebensziele erleichtert ihnen das Nein zu Alternativen, die reizvoll sind, aber in eine andere Richtung führen. So vermeiden sie, sich zu verzetteln und Ressourcen zu verschwenden. Statt sich daran aufzureiben, wenn belanglose Nebensächlichkeiten nicht optimal sind, konzentrieren sie ihre Energie konsequent auf ihre „Sterne".

Resiliente Menschen glauben an ihre Selbstwirksamkeit[31], sie sind überzeugt, etwas ausrichten zu können in der Welt. Dieser Motor verschafft ihnen greifbare Erfolgserlebnisse, die wieder positiv auf ihr Selbstvertrauen und ihr Selbstwertgefühl wirken. Menschen, die hingegen bezweifeln, dass sie Erfolg haben können und dürfen oder dass sie überhaupt etwas bewirken können, resignieren schon im Vorfeld einer konkreten Zielsetzung. Sie tun ihre Träume und Sehnsüchte als unvernünftige Spinnerei ab, weil sie überzeugt sind, es stehe nicht in ihrer Macht, etwas davon Wirklichkeit werden zu lassen. Alle Menschen, die Außergewöhnliches erreicht haben oder ihre persönliche Spur verfolgen, haben damit begonnen, ihre inneren Bilder auftauchen zu lassen und ihrer Phantasie freien Lauf zu lassen. Sie haben diese Ideen immer wieder aktiviert und zu einer Vision ausgestaltet, die stark genug war, Hindernisse zu überwinden und Rückschläge zu verkraften. Das gilt für Initiatoren von Massenbewegungen oder Spitzensportler, deren Erfolge in der Öffentlichkeit beachtet werden, genauso wie für Menschen, die ihre Träume im Stillen verwirklichen. Nicht wenige erfolgreiche Projekte haben damit begonnen, dass zwei oder drei Menschen gemeinsam an einem Küchentisch „gesponnen" haben. Es gibt kaum eine stärkere Kraft als die schöpferischen Ideen des Unbewussten und der brennende Wunsch, sie zu verwirklichen. Resiliente Menschen sind bereit, sich dafür anzustrengen, Hindernisse zu überwinden und die kurzfristige Befriedigung aktueller Bedürfnisse hintanzustellen.

Zielorientierung – von der Absicht zum Handeln

Wer nicht anfängt, wird nicht fertig. (Wolfgang Petersen)

Kennen Sie Ihre Ziele? Wie erreichen Sie Ihre Ziele? Neigen Sie eher zu bewusster Selbstkontrolle oder zu intuitiver Selbstregulierung? Stehen Ihre Aktivitäten und Tätigkeiten mit Ihren Zielen im Einklang?

Wenn man lang gehegte oder neu entworfene Träume aus dem Himmel der Möglichkeiten auf die Erde holen will, braucht man eine klare Zielsetzung. Ziele entstehen entweder aus Träumen und Visionen oder aus Unzufriedenheit mit dem Status quo. Hinter den Zielen, die wir uns setzen, steckt also ein „guter Grund", wir wollen damit einen bedeutungsvollen Wert verwirklichen oder ein wesentliches Bedürfnis erfüllen. Es ist aber gar nicht immer so leicht, eine Zielformulierung zu finden, die diesen guten Grund auch wirklich trifft. Wir merken es oft gar nicht, wenn sich fremde Erwartungen in unsere Zielvorstellungen schmuggeln oder wir unbemerkt die Vorstellungen anderer verinnerlicht haben. Wenn unsere Vorsätze aber unsere eigenen Werte und Bedürfnisse unterlaufen, sabotieren wir uns andauernd selbst. Unser bewusster Verstand versucht, uns zu kontrollieren und zu disziplinieren, während unser Unbewusstes die Unstimmigkeit der Ziele mit unserem Selbstverständnis registriert und kundtut. Resiliente Menschen sind empfänglich für diese Signale. Sie hinterfragen die wahren Gründe für ihre Absichten und Verhaltensweisen und passen ihre Zielformulierungen so lange an, bis sie ihnen genau entsprechen.

Bei Menschen, denen es in der Regel gelingt, ihre Absichten in die Tat umzusetzen, lassen sich bestimmte Kriterien in der Zielformulierung beobachten.[32] Sie machen sich nicht von anderen abhängig, sondern formulieren ihre Ziele so, dass sie es selbst in der Hand haben, sie zu erreichen. Statt sich zu sagen

„Ich will, dass mein Kollege seine Vorgänge abschließt und nicht mir überlässt" nehmen sie sich vor: „Wenn mein Kollege seine Vorgänge liegen lässt, lege ich sie in seinen Briefkorb und wende mich meinen eigenen Aufgaben zu."

Sie machen sich klar, woran sie merken, dass Ziele oder Teilziele erreicht sind. Damit legen sie ihr Anspruchsniveau fest und sorgen durch realistische Zwischenschritte für Erfolgserlebnisse. „Habe ich es erreicht, wenn es mir einmal gelungen ist oder jede Woche einmal oder erst, wenn es ein halbes Jahr keine Ausnahme mehr gegeben hat?"

Sie formulieren Annäherungsziele und keine Vermeidungsziele. „Ich will nicht mehr …" aktiviert im Gehirn die lebhafte Vorstellung dessen, was aufhören soll, aber keine Bilder, was stattdessen sein soll. Wer nur von etwas wegwill, weiß noch lange nicht, wo es hingehen soll.

Sie unterteilen umfassende Ziele in sinnvolle und machbare Schritte und setzen sich konkrete Termine dafür. Sie verlieren ihre entscheidenden Absichten nicht aus den Augen, sind aber bezüglich der Wege, die dorthin führen, kreativ und flexibel. Auch wenn sie Verzögerungen oder Umwege in Kauf nehmen müssen, bleiben sie am Ball. Weil sie die Einzelschritte immer wieder in Zusammenhang mit ihren „Sternen" bringen, können sie sich auch in langweiligen oder mühseligen Phasen motivieren und halten Durststrecken durch.

Zusammenfassung:

Die Zukunft zu gestalten bedeutet auf voraussichtliche und unerwartete Ereignisse vorbereitet zu sein, ohne sich in unrealistische Planungen zu verrennen.

Resiliente Menschen verbinden Vorannahme und Flexibilität, indem sie potentielle Wendungen und mögliche Folgen vorausdenken und gleichzeitig offen bleiben für unvorhergesehene und unvorhersehbare Ereignisse.

Weil sie ihre langfristige Orientierung mit der realen Umsetzung der aktuell sinnvollen Schritte verbinden, erreichen sie eine positive Gesamtbilanz und hohe Stimmigkeit hinsichtlich ihrer Ziele und Vorhaben.

Resiliente Menschen verfügen über eine wesentliche Grundlage der Selbstmotivierung: Sie finden heraus, wonach es sich für sie wirklich zu streben lohnt, und scheuen keine Mühen, um es zu erreichen. Diese Zielsetzung und ihr Bewusstsein für Prinzipien und Werte geben ihnen Orientierung für die Auswahl und Prioritätensetzung ihrer Aktivitäten. Ungeachtet eventueller Umwege, Hindernisse oder Rückschläge steuern sie konsequent auf ihre „Sterne" zu.

Wege für eine gelingende Zukunftsgestaltung s. Kap. 4.7, S. 172.

Woran Sie erkennen, dass es an Zukunftsgestaltung mangelt

Überbetonung der Vergangenheit

Auch lösungs- und zukunftsorientierte Menschen blenden frühere Erfahrungen keineswegs aus. Die Vergangenheit kann eine Fundgrube von Lösungsansätzen und Ressourcen sein. Manche Menschen befassen sich aber einseitig mit dem, was war. Indem sie der Vergangenheit „magische Kräfte" zuschreiben, geben sie ihre Einflussmöglichkeiten auf die Zukunft aus der Hand.

- „Wer einmal lügt, dem glaubt man nicht."
- „Die neuen Lehrer bekommen immer die schwierigsten Klassen. So ist das eben, wenn man anfängt."
- „Mit Büchern kann ich nichts anfangen. Bei uns zu Hause hat keiner gelesen."

- „Mein Mann hat immer unter der Fuchtel seiner Mutter gestanden. Deshalb ist er halt so unselbstständig."

Diese Aussagen sind bestenfalls Erklärungen, aber keineswegs zwingende Begründungen. Natürlich sind wir von allem geprägt, was wir in der Vergangenheit erlebt, erfahren und gelernt haben. Das heißt aber nicht, dass die Konstellationen der Vergangenheit zwangsläufig bestimmte Gegebenheiten in der Zukunft verursachen oder verhindern. Wer das glaubt, setzt „sich selbst erfüllende Prophezeiungen" in die Welt: *Weil* wir etwas glauben, wird es wahr, denn wir nehmen vornehmlich die Signale wahr und reagieren auf sie, die unsere Vorannahmen bestätigen. Wer so denkt, schließt (überraschende) Veränderungen für die Zukunft aus und beschneidet die eigenen Einflussmöglichkeiten. Wer zu sehr an und in der Vergangenheit hängt, läuft Gefahr, seine Zukunft zu verpassen.

Ignorieren von vorhersehbaren Krisen

Ziemlich viele Menschen müssen im Lauf ihres Lebens überraschende Verluste und Schicksalsschläge verkraften. Aber auch die biografischen Krisen, die sich im Leben ereignen, und vorhersehbare Veränderungen treffen manche Menschen scheinbar völlig unvorbereitet. Sie ignorieren selbst deutliche Anzeichen, statt sich frühzeitig mit den damit verbundenen Folgen auseinanderzusetzen. Hinter dieser Verweigerung steckt häufig Angst vor der Realität. Solange sie sich mit den Gegebenheiten gar nicht befassen, können sie immer noch so tun, als gäbe es sie nicht. Also ziehen sie es vor, den Kopf in den Sand zu stecken. Damit aber geben sie ihre eigenen Gestaltungsmöglichkeiten aus der Hand.

Sicher erinnern Sie sich an Gorbatschows berühmt gewordene Mahnung „Wer zu spät kommt, den bestraft das Leben". Wer die Zeichen der Zeit nicht wahrnehmen und wahrhaben will, überlässt es anderen, wie sein Leben weitergeht. Für jeden gibt es Dinge oder Vorfälle, mit denen früher oder später zu rechnen ist. Diese Ereignisse können Sie als Fall des Falles gedanklich durchspielen und Lösungen vordenken. Dass mein altes Auto eines Tages kaputtgeht, ist absehbar. Ich kann also durchaus sinnvolle Überlegungen anstellen, was ich dann machen will, und eventuell jetzt schon monatlich etwas zurücklegen. Längst nicht alles im Leben ist planbar, aber wir können auf vieles vorbereitet sein, auch ohne konkret zu wissen, womit wir es zu tun haben werden.[33]

Konfusion – ohne Ziele und ohne Plan

Manche Menschen glauben, auf Zielsetzung verzichten zu können. Sie wollen sich nicht festlegen, vermeiden es, sich mit Zukunftsperspektiven zu befassen, oder glauben, dass sie ihre Ziele ohnehin nicht erreichen können. Diese Haltung verstärkt sich häufig in turbulenten Zeiten. Wer aber gerade in chaotischen Umbruchsituationen keine (eigenen) Ideen für die Zukunft hat, kann keine sinnvollen Richtungsentscheidungen treffen. Diese Menschen lassen sich ziellos treiben und liefern sich damit den Bedingungen und Absichten anderer aus. Ohne grundsätzliche Ausrichtung fehlen ihnen die Kriterien für ihre weiteren Entscheidungen. Die Beliebigkeit ihrer Aktionen verhindert kleinere und größere Erfolgserlebnisse. Während ihre Energie im Tagesgeschäft versickert, weil sie nicht zielgerichtet eingesetzt werden kann, breitet sich das Gefühl aus, viel zu tun und nichts zu schaffen. Das wiederum bestätigt sie in der Meinung, dass Zielsetzung und Planung keinen Sinn haben.

Überschätzen von Risiken und Misserfolg

Menschen, die Angst vor Blamage oder Versagen haben, glauben sich manchmal auf der sicheren Seite, wenn sie sich nach dem Motto verhalten „Wer nichts macht, macht auch nichts verkehrt". Unterlassungen und Versäumnisse scheinen ihnen weniger riskant, als sich mit einer unbedachten Äußerung oder voreiligen Handlung zu exponieren und angreifbar zu machen. Aufgaben und Aufträge von anderen erfüllen sie möglichst wörtlich, um sich für alle Fälle abzusichern. Mit dieser übergroßen Vorsicht geraten sie immer mehr in die Defensive und machen sich zum Opfer der Gegenwart statt zum Gestalter der Zukunft. Wer die Initiative ergreift oder den Mund aufmacht, läuft immer Gefahr, aufzufallen, anzuecken oder etwas falsch zu machen. Fehler, Unzulänglichkeiten, Wagnisse und auch Scheitern sind normale Teile eines Lernprozesses. Das Gefühl, sich unsterblich blamiert zu haben, ist meistens gemessen am tatsächlichen Vorfall und dem Eindruck der anderen überdimensional.

3. Resilienz: ein fortwährender Prozess

„Späte Liebe" – ein Fallbeispiel. (1)

Petra sucht Hilfe im Coaching, weil sie ihre private Situation derzeit für ziemlich verfahren hält. Sie sucht einen Weg, wie sie ihren Schwiegervater wieder „zur Vernunft bringen" kann. Ihre Schilderung weist auf unterschiedlich starke Defizite bei den verschiedenen Resilienzfaktoren hin. Damit ergibt sich eine Reihe von Ansatzpunkten, wie Petra die Situation für sich verbessern kann.

Petra und ihr Mann Jürgen wohnen seit sechs Jahren mit Jürgens verwitwetem Vater Alfred in dessen kleinem Haus. Weil die Wohnverhältnisse sehr beengt sind, tragen sie sich schon seit längerer Zeit mit dem Gedanken, eine eigene Wohnung oder Haushälfte zu kaufen, sind aber nie zu einem Entschluss gekommen. Nun hat Alfred in Hannelore eine neue Partnerin gefunden, mit der er zusammenleben möchte. Damit würde die bisherige Wohnsituation mit überwiegend gemeinsam genutzten Räumen untragbar. Alfreds neue Pläne lösen Enttäuschung und Unverständnis aus. Die Folge sind ständige Meinungsverschiedenheiten und Missverständnisse.

Optimismus
Petra fühlt sich von den Ereignissen überrollt und unter Druck gesetzt. Daher registriert sie vor allem, dass ihr bisheriges Arrangement bedroht ist. Sie blendet aus, welche Chancen diese Veränderung für ihre eigene Freiheit und für ihre Beziehung zu Jürgen bietet. Sie übersieht, wie viel Freude und Energie es ihr bringen kann, ihre Gestaltungsmöglichkeiten wahrzunehmen.

Akzeptanz
Petra und Jürgen sind bei Alfred eingezogen, weil er nach

dem Tod seiner Frau sehr deprimiert und labil war. Besonders Petra hat sich sehr intensiv um Alfred gekümmert und wurde zu seiner ersten Bezugsperson. Es fällt Petra sehr schwer zu akzeptieren, dass Alfred wieder lebensfroher und unabhängiger geworden ist und sie nicht mehr braucht. Sie fühlt sich durch Hannelore vom Thron gestoßen [→ **Beziehungen**]. Deswegen kann sie nicht ertragen, dass sie jetzt sozusagen das Feld räumen soll.

Lösungsorientierung

Petra glaubt nicht daran, dass sie eine Lösung finden können, bei der alle auf ihre Kosten kommen [→ **Optimismus**]. Blockiert durch die Überzeugung, dass ihr unrecht geschieht [→ **Verantwortung/Opferrolle**], bleibt sie gedanklich immer wieder in dem Dilemma stecken, dass sie auf keinen Fall wieder zur Miete wohnen will, sie sich aber den Kauf eines eigenen Hauses oder einer angemessenen Wohnung in der Stadt vermutlich nicht leisten können.

Selbstregulierung

Jürgen ist über einen Freund auf ein preiswertes idyllisches Häuschen auf dem Land gestoßen. Schon bei der ersten Besichtigung weiß er einfach, dass es passt, ohne dass er im Einzelnen sagt könnte, warum. Dass er schnell einen Draht zu der Besitzerin hat, unterstützt sein positives Gefühl.

Petra kann seine Begeisterung allerdings nicht so ohne Weiteres teilen. In solchen Momenten ist Jürgen in ihren Augen ein Traumtänzer, der sich nicht darum kümmert, was alles renoviert werden muss und ob sie auch in zehn Jahren noch das Geld für den Kredit aufbringen können. Petras eher verhaltenes Temperament legt es ihr nahe, sich mit den rationalen Aspekten des Hauskaufs zu beschäftigen. Sie verlangt einen detaillierten Finanzierungsplan und will eine Liste aufstellen, was für und gegen das Häuschen spricht. Darüber wird Jürgen wiederum ungehalten, weil er spürt, wie das seine Begeisterung schwächt. Er findet, dass Petra ständig nörgelt und kontrolliert und immer ein Haar in der Suppe findet.

Petra fürchtet auch, dass mit Hauskauf und -renovierung für sie beide ihr Stresspegel erst einmal steigen würde. Sie weiß aus Erfahrung, dass sie ihre jeweilige Denkweise übertreiben, wenn sie unter Druck kommen. Sie selbst neigt dazu, verbissen nicht enden wollende Aufgabenlisten abzuarbeiten und sich gar keine Ruhe mehr zu gönnen. Jürgen dagegen zappt stundenlang am Fernseher oder lenkt sich mit Computerspielen ab.

Verantwortung

Petra und Jürgen sind aus Mitleid mit dem Vater eingezogen und dann geblieben. Die beengten Wohnverhältnisse haben sie jahrelang hingenommen. Stillschweigend sind sie davon ausgegangen, dass ihnen sein kleines Haus eines Tages allein gehören würde. Als sich dann die Voraussetzungen ändern, fühlt insbesondere Petra sich als Opfer der neuen Partnerin und der Verhältnisse.

In ihrer ersten Bestürzung macht sie Hannelore zum Sündenbock für alles Mögliche: dass Alfred sich verändert hat, dass die Wohnungssituation unhaltbar wird und dass sie sich jetzt mit Alfred und mit Jürgen streitet. Petra wirft Jürgen vor, er lasse sich von seinem Vater alles gefallen und habe zugelassen, dass sie jahrelang ausgenutzt wurde. Jürgen hält dagegen, Petra habe es ja unbedingt so gewollt, er habe die ganze Zeit nur wegen ihr ausgehalten.

Dahinter verbergen sich noch grundsätzlichere und tiefer gehende Probleme: Petra will sich nicht nachsagen lassen, dass sie nicht alles für Alfred tut [→ **Beziehungen**]. Weil sie zu wenig für sich selbst sorgt, erwartet sie aber im Stillen, dass Jürgen und Alfred sie davor bewahren, sich zu übernehmen. Jürgen geht am liebsten den Weg des geringsten Widerstandes. Er arrangiert sich mit vielem und nimmt selber nicht wahr, wann er nicht wirklich einverstanden ist.

Beziehungen

Im Sinne eines engen Familiennetzwerkes war der Einzug als Unterstützung für Alfred gedacht. Daraus ist dann fast eine Zwangsgemeinschaft geworden, in der sie sich gegenseitig eher behindern und stören als guttun. Andere enge Beziehungen hat Petra eher vernachlässigt, weil sie es schwierig und aufwendig findet, in der fehlenden Privatsphäre Gäste zu haben.

Zukunft

Petra setzt ihre gemeinsame Zukunft aufs Spiel, wenn sie bei Lösungen stecken bleibt, die bestenfalls in der Vergangenheit sinnvoll waren [→ **Lösungsorientierung**]. Weil sie sich von Alfred nicht mehr so geschätzt fühlt wie früher, hadert sie mit ihrer längst zurückliegenden Entscheidung [→ **Akzeptanz**]. Doch sie ergreift keine Initiative, um ausgehend von der unbefriedigenden gegenwärtigen Situation ihre Zukunft in die Hand zu nehmen.

Resilienz als Prozess

Resilienz ist nicht *ein* besonderes Persönlichkeitsmerkmal oder eine bestimmte Eigenschaft. Resilienz ist das Talent, die Fähigkeit oder die Kombination von Merkmalen, die in einem bestimmten Kontext erforderlich sind, hervorbringen zu können.[34] Die Resilienzfaktoren funktionieren also als ein System, das resiliente Reaktionen erzeugt. Jede Schwierigkeit erfordert eine spezifische Konstellation dieser Resilienzfaktoren: In dem einen Fall kann Optimismus der wichtigste sein, in einem anderen Kreativität oder Zukunfstorientierung. Irgendwann wird jedes Merkmal gebraucht. Daher ist eine gute Analyse wichtig, auf welche Faktoren es in einer bestimmten Situation besonders ankommt.

Jedes Merkmal spielt eine wichtige Rolle. Eine besondere Stärke in einem Faktor kompensiert nicht unbedingt Schwächen in einem anderen. Manche Leute haben Stärken in allen sieben Faktoren, andere haben in mehreren Entwicklungsarbeit zu leisten. Bei den meisten Menschen weist das individuelle Resilienzprofil Höhen und Tiefen auf. Wer seine Resilienz insgesamt steigern will, sollte eine möglichst ausbalancierte Palette der Resilienzfähigkeiten anstreben. Ein ausbalanciertes Profil zu haben heißt nicht, dass Sie *ständig* alle Faktoren nutzen, sondern dass Sie je nach Erfordernissen der Situation unterschiedliche Merkmale aktivieren können. Menschen mit wenig ausbalanciertem Profil neigen dazu, sich einseitig und übermäßig auf ihre starken und bevorzugten Merkmale zu verlassen. Wenn eine Situation ihre bevorzugten Herangehensweisen verlangt, werden sie gut reagieren, wenn nicht, verschwenden sie Ressourcen, weil sie andere Fähigkeiten anwenden, als erforderlich sind. Sind Sie in der Lage, je nach den Umständen die geeigneten „Zutaten" unterschiedlich zu kombinieren, verfügen Sie über eine generelle innere Stärke, um Veränderungen schneller und besser zu bewältigen und wieder ins Gleichgewicht zu kommen.

„Späte Liebe" – ein Fallbeispiel. (2)

Petra kann an unterschiedlichen Punkten ansetzen, um die verfahrene Situation zu entwirren und ihre eigene Lage zu verbessern.

Optimismus

Als Petra klar wird, dass sich für alle Beteiligten neue Möglichkeiten auftun, beginnt sie Alfreds neue Lebenssituation als Entlastung und Befreiung für sich selbst zu sehen. Sie bekommt „Luft unter die Flügel" und fängt neugierig und erwartungsvoll an, eigene Ideen zu entwickeln.

Akzeptanz

Petra wird bewusst, dass Jürgen und sie von einer Vorannahme ausgegangen sind, die jetzt nicht mehr stimmt. Sie lernt zu akzeptieren, dass Alfred sich anders entwickelt, als sie es gedacht und geplant hat, und dass das sein gutes Recht ist.

Selbstregulierung

Petra und Jürgen kennen ihre typischen gegenseitigen Vorwürfe zur Genüge. Dabei können sie viel von ihren unterschiedlichen Ansätzen profitieren, denn für eine tragfähige Lösung brauchen sie beides: ein gutes Gefühl und damit die innere Zustimmung zu der Gesamtentscheidung *und* die Berücksichtigung und Regelung der notwendigen Details.

Dass es in fruchtlosen Streitereien endet, wenn sie unguten Gefühlen einfach freien Lauf lassen, haben Petra und Jürgen zur Genüge erfahren. Inzwischen bemühen sich beide darum, dem anderen die eigenen Gefühle verständlich zu machen, ohne ihn zu verletzen oder zu beschuldigen. Petra erklärt Jürgen, dass sie auf dem Durchdenken aller Einzelheiten beharrt, weil das ihre Ängste mindert. Es beruhigt sie, alles im Voraus durchzuspielen und zu bedenken. Jürgen beruhigt Petra mit seiner Überzeugung, dass sie gemeinsam die notwendigen Schritte schon schaffen werden. Er macht ihr aber auch deutlich, dass er diese Zuversicht und ihr Vertrauen braucht, um sich auf die Einzelheiten einlassen zu können.

Um erst gar nicht durch zu viel Druck und Stress in eine negative Spirale zu geraten, vereinbaren sie Vorbeugemaßnahmen für die nächsten Monate. Petra trifft sich einen Abend in der Woche mit Freundinnen, egal, wie viel noch zu tun ist. Jürgen verschafft sich in einem Wochenplan einen Überblick über seine Aufgaben. Er nimmt sich vor, konsequent zuerst eine selbst gewählte Arbeit abzuschließen, bevor er eine wohlverdiente Pause macht. Einen Abend in der Woche nehmen sie sich Zeit für ein gemeinsames Vergnügen, ob Kino, Schwimmbad, Essen mit Freunden oder einfach Musikhören und reden.

Verantwortung

Die Schuldzuweisungen vernebeln die Themen, die eigentlich zu klären sind: Beide haben sich nicht eingehend damit auseinandergesetzt, was es für sie persönlich bedeutet, bei Alfred eingezogen zu sein. Obwohl sie beide auf Dauer mit der Wohnsituation unzufrieden waren, haben sie nichts unternommen. Sie sind stillschweigend davon ausgegangen, eines Tages das Haus zu erben, ohne mit Alfred eine konkrete Vereinbarung zu treffen.

Aus dieser Verstrickung können Petra und Jürgen sich lösen, indem sie klären, was ihr eigener Anteil an der verfahrenen Situation ist. Jürgen beginnt, seine eigenen Vorstellungen vom gemeinsamen Leben ernst zu nehmen und einzubringen. Petra versucht zwischen den (vermeintlichen) Erwartungen von außen und ihren eigenen Wünschen zu unterscheiden. Es kommt eine positive Veränderung in Gang, weil sie an dem arbeiten, wofür sie verantwortlich sind und was sie selbst gestalten können.

Beziehungen

Petra und Jürgen merken schon seit einiger Zeit, wie viel Schwung und Lebensfreude Alfred wiedergewonnen hat. Sie nähern sich langsam der Einsicht an, dass es ein großes Glück für Alfred ist, Hannelore gefunden zu haben. Dadurch, dass Hannelore zu seiner ersten Bezugsperson wird, lockert sich die Beziehung zu den Kindern. Erst als Petra sich klarmacht, dass es ihre eigene Entscheidung war, zu Alfred zu ziehen, kann sie aufhören, sich ausgenutzt und abgeschoben zu fühlen [→ Verantwortung/Opferrolle]. Sie gesteht sich und Jürgen ein, dass Alfreds ständige Anwesenheit sie zeitweilig auch gestört und belastet hat. Als sie es nicht mehr bedrohlich findet, dass ihr familiäres Netz in Bewegung kommt und sich umbaut, kann sie der Möglichkeit, wieder näher mit Jürgen zusammenzurücken, viel abgewinnen. Nach und nach nimmt sie nicht nur Hannelore als Bereicherung wahr statt als Bedrohung, sie kümmert sich auch wieder mehr um ihr außerfamiläres Netzwerk.

Zukunft

Indem Petra und Jürgen Verantwortung übernommen haben und in Bewegung gekommen sind, bekommen sie wieder Zugang zu ihren eigenen Träumen und Lebensvorstellungen und fangen an, Teile davon in die Tat umzusetzen. Sie lösen sich von vermeintlichen Fehlern und Fehleinschätzungen der Vergangenheit. Stück für Stück entwickeln und verwirklichen sie gemeinsam ihre eigene Vorstellung davon, wie sie wohnen und leben möchten.

Da die Resilienzfaktoren alle verbunden sind und ineinanderspielen, könnte man sie grundsätzlich der Reihe nach betrachten und mit Petra jeweils Wege erarbeiten, diese stärker zum Zuge kommen zu lassen. Um eine schnell spürbare und nachhaltige Verbesserung zu erreichen, lohnt es sich jedoch zu analysieren, an welchen Faktoren es in der aktuellen Situation besonders fehlt. Gelingt in diesen signifikanten Bereichen eine Veränderung des Denkens, Fühlens oder Handelns, ist das meist eine Initialzündung, die auch Blockierungen in den anderen Faktoren löst. In Petras Fall sind es vor allem die Bausteine Akzeptanz und Verantwortung, in denen ein Umschwung ihres Denkens und Fühlens durchschlagende Wirkung zeigt. Als es ihr gelingt, sich aus der Opferrolle zu lösen, kann sie Alfreds Veränderung akzeptieren und sieht ihre eigenen Beziehungsbedürfnisse in einem anderen Licht. Wie angestoßene Dominosteine lassen sich daraufhin erste Veränderungen in den Bausteinen Optimismus, Lösungsorientierung und Zukunft gestalten feststellen und weitere leicht auslösen. Der Baustein Selbstregulierung ist in Petras Fall vor allem in ihrem Verhältnis zu Jürgen von Bedeutung.

Das Zusammenspiel der Merkmale

Es kommt also nicht nur darauf an, welche Faktoren in einer bestimmten Situation von besonderer Bedeutung sind. Entscheidend sind auch die Ausgewogenheit und die passende Mischung der Resilienzfaktoren in einer Person. Es nutzt wenig, wenn einer oder einige sehr stark ausgeprägt sind, andere dafür kaum. Jede Stärke hat ihre Schattenseite, wenn sie einseitig gelebt wird. Isoliert oder übertrieben kann jeder Faktor problematisch werden, und manche unausgewogenen Kombinationen sind besonders ungünstig.

Wer ausgesprochen *optimistisch*, aber wenig verantwortungsbewusst und zukunftsorientiert ist, lebt im Wolkenkuckucksheim. Er ist in Gefahr, zu verdrängen, was ihm schwerfällt oder ihn frustriert, statt es realistisch wahrzunehmen und zu akzeptieren. Statt sich machbare Ziele zu setzen und für den eigenen Anteil Verantwortung zu übernehmen, wird er lieber in angenehme Zustände und Tätigkeiten ausweichen – und vielleicht irgendwann ernüchtert aufwachen und merken, dass die Probleme sich keineswegs alle von selbst erledigt haben. Seine Konflikte sind nicht gelöst, sondern nur verschoben, weil er ihnen immer wieder aus dem Weg gegangen ist.

Menschen, die in erster Linie von *Akzeptanz* gesteuert sind, haben eine fatale Neigung, alles hinzunehmen und nichts zu hinterfragen. Wenn ihnen gleichzeitig der Optimismus fehlt, allerhand selbst in die Wege leiten und in die Hand nehmen zu können, werden sie auch machbare Veränderungen gar nicht ins Auge fassen. Stattdessen verharren sie resignativ im unbefriedigenden Ist-Zustand und lassen ihre Zukunft fatalistisch auf sich zukommen. Solche Menschen setzen sich nicht ernsthaft mit den Menschen in ihrem Beziehungsnetz auseinander. Ohne erkennbare eigene Reaktion schlucken sie alles wie Watte. Sie sind für andere kaum greifbar und lassen keine eigene Position erkennen.

Menschen, die *Lösungsorientierung* einseitig verstehen und übertreiben, machen sich in blindem Aktionismus auf die Suche nach Lösungen, ohne das Problem oder die Fragestellung verstanden zu haben. Sie probieren eine Vielzahl beliebiger Ansätze aus, die aber einen zugrunde liegenden Missstand unter Umständen gar nicht beheben. Wenn es ihnen dazu noch an Akzeptanz der eigenen Grenzen und der Grenzen anderer fehlt, überrollen und überfordern sie andere mit Vorschlägen und Aktivitäten, statt sie mitzunehmen oder einzubeziehen. In dieser Kombination fehlt oft auch der Optimismus, nicht alles auf der Welt alleine lösen zu müssen, und das Vertrauen, dass sich manche Dinge auch auf ihre Weise oder von selbst erledigen, wenn man Zeit und Raum dafür lässt. Diese Menschen entwickeln eine gewisse Verbissenheit, wenn es ihnen nicht gelingt, zu unterscheiden zwischen ihrem Anteil, für den sie Verantwortung übernehmen können und müssen, und Bereichen, in denen sie gar keinen Einfluss haben oder die sie nichts angehen, weil sie die persönliche Sphäre anderer berühren.

Wer *Selbstregulierung* übertreibt, läuft Gefahr, nur noch im eigenen Saft zu schmoren. Er ist so damit beschäftigt, auf die eigenen Stimmungen und Impulse zu achten und sich zu regulieren, dass er nicht merkt, wie es anderen in seiner Umgebung geht. Manche übertreiben auch Selbstdisziplin und sind besonders streng mit sich. Sie versuchen, alle störenden Impulse zu unterdrücken, statt ihre Botschaft zu verstehen und sie zu integrieren. Wenn dazu noch der Beziehungsfaktor unterentwickelt ist, verlassen sie sich allein auf sich selbst. Sie verzichten auf die Erfahrung, wie sich Stimmungen im Austausch und gemeinsam mit anderen entwickeln und regulieren. Wenn die Akzeptanz für andere fehlt, haben diese Menschen häufig wenig Verständnis dafür, dass andere in Emotionen festhängen, in ihren Augen überreagieren und sich nicht selbst daraus befreien können.

Manchen Menschen scheint die **Opferrolle** so traumatisch, dass sie unter keinen Umständen überhaupt je hineingeraten wollen. Vorauseilend versuchen sie dafür zu sorgen, dass ihnen nichts und niemand etwas anhaben kann. Dabei werden einige manches Mal zum Täter, indem sie andere brüskieren. Andere überfordern sich, weil sie ihre Kräfte nicht einteilen. Sobald sie eine Situation nicht voll und ganz im Griff haben, befürchten sie, Opfer zu werden, was sie als persönliche Niederlage ansehen. Es fehlt ihnen der Optimismus, dass sie diese Rolle auch wieder verlassen können. Diesen Menschen fällt es in der Regel auch schwer, ein Netzwerk zu aktivieren, das sie dabei unterstützen könnte. Sie verlangen von sich, alles aus eigener Kraft zu schaffen und wollen nicht, dass andere sie schwach erleben.

Wer es mit der Übernahme von **Verantwortung** übertreibt, gerät häufig in Erschöpfungszustände. Solche Menschen laufen Gefahr, sich an Dingen abzuarbeiten, die sie nicht beeinflussen können, und dabei immer wieder frustriert zu werden. Gleichzeitig nehmen sie anderen die Arbeit aus der Hand, entscheiden und handeln nicht zur erwünschten oder erbetenen Unterstützung anderer, sondern an deren Stelle. Dadurch fühlen diese sich bevormundet oder übergangen. Andererseits neigen im Übermaß „Verantwortliche" dazu, in Beziehungsgefügen alle zu bedienen, viel zu investieren und wenig für sich zu beanspruchen oder zu erbitten. Wenn sie sich damit auf Dauer verausgaben, sind Enttäuschung, Frustration und das Gefühl von Sinnlosigkeit oft die Folge. So ist es schwer, optimistisch zu bleiben, und diese Menschen tun sich schwer damit, ihre eigenen Grenzen, Schwächen und Unvollkommenheiten zu akzeptieren.

Menschen, die es übertreiben, in *Beziehungen* zu leben, können in unterschiedliche Fallen laufen. Wer sich zu sehr auf andere verlässt, verliert das Gefühl und die Gewissheit dafür, was er aus eigener Kraft vermag. Diese Menschen laufen Gefahr, sich zu sehr an anderen zu orientieren, keine eigenen Ziele ins Auge zu fassen und ihre Zukunft in Übereinstimmung mit den persönlichen Werten zu gestalten. Sie lassen sich das Steuer für die eigene Entwicklung und die eigenen Belange aus der Hand nehmen. Auf Dauer sinken dabei Selbstvertrauen und Selbstwertgefühl. Andererseits belasten sie andere zu sehr mit Angelegenheiten, die sie auch gut selbst regeln könnten. Sie schieben ihnen die Verantwortung für ihr eigenes Wohlergehen zu und geben ihnen am Ende die Schuld an der eigenen Unzufriedenheit. Menschen, die zu viele oder zu umfangreiche Netzwerke haben, sind oft damit überfordert, diese Beziehungen zu pflegen. Sie sind überall und nirgends, ständig am Handy und kommen nie wirklich zur Ruhe. Häufig werden über der Pflege sehr weiter Netzwerke die engen privaten Beziehungen vernachlässigt.

So nützlich es ist, sich auf vorhersehbare Schwierigkeiten einzustellen und die Weichen für die eigenen Vorstellungen und Ziele zu stellen, so sehr kann eine übermäßige Beschäftigung mit der *Zukunft* einen davon abhalten, in der Gegenwart zu leben. Menschen, die glauben, alles im Voraus planen zu können und zu müssen, sind nicht mehr offen für zufällige Wendungen und Chancen und nehmen diese oft gar nicht wahr. Gleichzeitig fühlen sie sich sehr verunsichert und ausgeliefert, wenn sie von nicht vorhersehbaren Ereignissen getroffen werden, ihre Pläne von anderen durchkreuzt werden oder sie (vorübergehend) in unsicheren Verhältnissen leben müssen. Sie sind häufig so mit Vorausdenken und Vorsorgen beschäftigt, dass sie in der Gegenwart weder handeln noch genießen können. So versäumen sie es, das Nötige zu *tun*, damit die erwarteten Dinge auch eintreffen und sich die vorgestellten Verhältnisse ergeben können. Sie laufen Gefahr, zu wenig Verantwortung in der Gegenwart zu übernehmen. Dadurch können sie nicht flexibel auf unterschiedliche Lösungsansätze reagieren und fühlen sich von Menschen ausgebremst, deren Denken, Fühlen und Handeln nicht „passt". Diese Menschen haben häufig Schwierigkeiten damit, zu akzeptieren, dass etwas oder jemand in der Realität ihre Zukunftspläne durchkreuzt oder flexible Reaktionen erfordert.

Zusammenfassung:

Jeder Resilienzfaktor ist ein Schlüssel, der zu einem Schloss passt; alle zusammen erschließen die Wege, um Krisen, Veränderungen und Lebenserfahrungen gut zu bewältigen. Dabei kommt es auf die Kombination *dieser Qualitäten an: Sind sie ausbalanciert und klug genutzt, bilden sie eine starke und wirksame Kraft in den Wogen des Lebens.*

Jede Krise oder Schwierigkeit erfordert eine andere Kombination von Resilienzfaktoren. Wer ein wenig ausbalanciertes Profil hat, neigt dazu, sich einseitig und übermäßig auf seine bevorzugten und am meisten genutzten Merkmale zu verlassen und die anderen zu vernachlässigen. Damit schränkt er auf Dauer seine Reaktionsmöglichkeiten immer mehr ein. Deshalb ist es wichtig, flexibel zu bleiben, sich ständig zu entwickeln und zu korrigieren und seine Strategien immer wieder an die aktuellen Erfordernisse anzupassen.

> Resilienzbalance *ist nicht statisch, sondern dynamisch: Weil Veränderung mit ständig wechselnden Bedingungen und Möglichkeiten einhergeht, kann man sie nicht mit einem festen Set von Herangehensweisen bewältigen. Man muss ständig beweglich bleiben, immer wieder korrigieren und seine Methoden anpassen.*

Schritte zur Resilienzbalance

Ihre Resilienz hängt von der Situation ab
Jede Situation enthält spezifische Erfordernisse: Ein Mensch ist umso resilienter, je besser er in der Lage ist, die entsprechenden Faktoren zu bedienen. Nicht in jeder Situation werden alle Faktoren gebraucht. Da wir nie sicher sein können, was eine Situation verlangt, haben diejenigen die größten Erfolgsaussichten, die leicht und automatisch alle Faktoren „bedienen" können. Schulen Sie Ihre Fähigkeiten zu analysieren, mit welchem Merkmal Sie in einer Problemlage einen entscheidenden Unterschied bewirken würden.

Ihre Resilienz hängt von Gleichmäßigkeit und Beständigkeit ab
Jemand, der annähernd gleiche Stärken in allen Faktoren hat, ist unter sich verändernden Bedingungen und in unterschiedlichen Umgebungen wahrscheinlich erfolgreicher. Er ist resilienter als jemand mit ausgeprägten Höhen und Tiefpunkten, weil er sich weder zu viel noch zu wenig auf einzelne Fähigkeiten verlässt.

Nutzen Sie nicht ausschließlich Ihre Stärken in einzelnen Faktoren
Bei großen Unterschieden in den einzelnen Fähigkeiten besteht die Tendenz, dieses Merkmal zuungunsten anderer über-

mäßig zu benutzen. Damit nehmen Sie sich viele Möglichkeiten, flexibel und wirkungsvoll zu reagieren.

Arbeiten Sie daran, Ihre Schwächen in einzelnen Faktoren zu stärken.
Wenn eine Fähigkeit besonders schwach ausgeprägt ist, wird sie oft kaum gebraucht, vernachlässigt oder sogar ausgeblendet. Es fehlt sozusagen ein Stück im Puzzle. Wenn das womöglich bei mehreren Faktoren der Fall ist, werden Ihre Reaktionsmöglichkeiten immer begrenzter und eingeschränkter.

4. Das Leben meistern –
Übungsfelder im Alltag

4.1 Wege zu mehr Optimismus

Hoffnung ist nicht die Überzeugung,
dass etwas gut ausgeht,
sondern die Gewissheit, dass etwas Sinn macht,
egal, wie es ausgeht.
Vaclav Havel

Mehr Optimismus

- Gedankenkontrolle – steuern Sie Ihre Denkgewohnheiten.
- Selbstzuschreibung – machen Sie aus einer Ereignismaus keinen Bedeutungselefanten.
- Kompetenzinseln – bringen Sie Ihre Talente ans Licht.
- Positive Sprache – wie reden Sie eigentlich mit sich selbst?
- Geistige Nahrung – achten Sie darauf, was Sie zu sich nehmen.
- Differenzierung – schwimmen Sie gegen den Strom der pessimistischen Gemeinplätze.
- Humor und Lachen – was sind Ihre Glücksbringer?

So steuern Sie Ihre Denkgewohnheiten

Was Sie denken, bestimmt, wie Sie sich fühlen. Pessimistische Gedanken demoralisieren und entmutigen. Wer überzeugt ist, dass er immer wieder respektlos behandelt wird, ruft durch seine unbewussten Signale genau diese Reaktion hervor. Er achtet auf jedes entsprechende Anzeichen und sieht sich so in seiner Überzeugung bestärkt. Gedankenkontrolle in belastenden Situationen durchbricht diesen Teufelskreis von negativen Erwartungen und Bestätigungen. Jeder Mensch hat andere wunde Punkte und Empfindlichkeiten, die solche negativen Schleifen auslösen können. Diese eigenen „Knöpfe" und ihre emotionale Wirkung kennen (lernen) heißt zu verstehen, in welchen wiederkehrenden Situationen Ihr Optimismus erschüttert werden kann.

Relativierung

Wenn Ihre automatischen Gedankenabläufe Ihnen den Mut nehmen, Sie verzagt oder wütend stimmen, sagen Sie innerlich „Stopp!". Setzen Sie ermutigende oder beruhigende Gedanken dagegen. Resiliente Menschen stärken ihren Optimismus, indem sie sich sagen:

„Es geht vorbei." Machen Sie sich bewusst, dass schlimme Ereignisse, unangenehme Situationen und negative Gefühle vorübergehend sind. „Nach Regen kommt Sonne!" Richten Sie Ihre Aufmerksamkeit darauf, wie Sie die Situation am besten überstehen und wie es danach weitergehen kann.

„Es ist begrenzt." Machen Sie sich klar, dass jeder Fehlschlag und jede Enttäuschung ein Einzelfall sein kann. Machen Sie sich immer wieder bewusst, wie begrenzt eine negative Erfahrung ist. Vergewissern Sie sich, in welchem Zusammenhang sie gar nicht zutrifft und für welche Ihrer Lebensbereiche sie ohne Bedeutung ist.

„Es liegt nicht nur an mir." *„Es passiert nicht nur mir."* Suchen Sie gezielt, welche Gründe und Erklärungen für Nackenschläge auch bei anderen Menschen oder den Umständen zu finden sind, statt sich mit Selbstanklagen zu quälen. Wenn Sie arbeitslos werden, teilen Sie dieses Schicksal mit Millionen anderen allein in Deutschland. Und in vielen Fällen haben die Betroffenen selbst gar keinen Einfluss auf die Entwicklungen und Entscheidungen, die dazu geführt haben. Sie haben es aber in der Hand, wie Sie mit dieser Situation umgehen. Bevor Sie in Selbstmitleid zu versinken drohen, machen Sie sich bewusst, dass auch andere Menschen Pech oder Unglück zu tragen haben. Orientieren Sie sich an denen, die konstruktiv damit umgehen.

Realistischer Optimismus

Der Optimismus resilienter Menschen hat eine andere Qualität als positives Denken. Er nimmt die Realität wahr und leugnet nicht die Schwierigkeiten. Stellen Sie sich vor, Sie sind sehr erschöpft von einem Tag mit lauter Pannen und nervenden Kleinigkeiten. Mit positivem Denken reden Sie sich dann ein: „Es geht mir gut" (trotz alledem). Resilientes Denken lautet dagegen: „Ich fühle mich gerade ziemlich kaputt. Ich hatte einen wirklich anstrengenden Tag. Heute Abend brauche ich Ruhe. Ich werde mich in die Badewanne legen und meine neue CD hören. Dann sieht die Welt wieder anders aus. Und morgen werde ich anregen, dass wir den Telefondienst auf mehrere Leute verteilen." Auch noch so großer Optimismus kann Sie nicht vor Enttäuschung, Pech oder dem Unglücklichsein bewahren. Aber indem Sie sich auf das Positive konzentrieren und nicht auf das Negative, spüren Sie, wie Ihnen neue Energie zufließt. Und dann entdecken Sie Möglichkeiten, selbst etwas tun zu können, die Sie vorher einfach nicht gesehen haben.

Positive Sprache

Die Sprache ist nicht nur der Ausdruck unserer Gedanken. Sie ermöglicht und formt unsere Denkprozesse. Wenn Sie optimistisch denken wollen, pflegen Sie eine positive Sprache. Unser unbewusster Verstand arbeitet mit positiven Vorstellungen. Er verarbeitet keine Verneinungen, sondern konzentriert sich auf den Rest der Botschaft. „Lass dich nicht übers Ohr hauen!" ist daher ein Gedanke, der es ziemlich wahrscheinlich macht, dass man nicht ohne Einbußen oder das unangenehme Gefühl, übervorteilt worden zu sein, davonkommt. Für Ihr Unterbewusstsein ist es leichter, Ihren Optimismus zu unterstützen, wenn Sie ihm positiv versichern: „Ich vertrete meine Interessen."

So ändern Sie ein negatives Selbstbild

Oft merken wir gar nicht, wie wir eine negative Vorstellung von uns selbst erhärten, weil wir unseren gewohnten Denkmustern unbewusst folgen. Für Außenstehende ist es manchmal leichter zu erkennen, wo wir uns selbst niedermachen, als für die Betreffenden selbst. Schärfen Sie Ihre Selbstwahrnehmung und bitten Sie um Rückmeldung von wohl gesonnenen Menschen, um zu erkennen, wo Sie negativ mit sich selbst umgehen.

Die Wirkung der positiven Sprache gilt für alle inneren Monologe. Es hat eine große Auswirkung, wie Sie mit sich selbst sprechen. Ihre Botschaften an sich selbst formen Ihr Selbstbild. Widerstehen Sie selbst herabsetzenden Zuschreibungen. Statt sich selbst verallgemeinernd abzuwerten: „Ich bin so ungeschickt", stellen Sie sachlich die Tatsachen fest: „Mir ist etwas heruntergefallen." Häufig wissen Sie erst im Nachhinein, ob Sie eine Entscheidung oder eine Verhaltensweise als Fehler betrachten. Statt sich zu tadeln mit „Wenn ich doch nur besser aufgepasst hätte!", ziehen Sie Ihre Lehre aus der Erfahrung. „Das nächste Mal stelle ich sicher, dass die Daten gesichert werden." Statt nutzlos zu grübeln „Warum habe ich mich nur darauf eingelassen?", bahnen Sie sich mit „Das nächste Mal entscheide ich selbst, welche Aufgaben ich übernehme" den Weg zu selbstbestimmtem Handeln. Achten Sie darauf, welche Selbstzuschreibungen Sie automatisch abspulen und ändern Sie die, die negativ sind und Sie herabsetzen.

Erfolg fällt nicht vom Himmel. Was Sie tun und was Sie lassen, wirkt sich auf Dauer aus auf das, was Ihnen begegnet. Resiliente Menschen wissen, dass sie nicht allwissend und allmächtig sein müssen, um ein gutes Selbstwertgefühl zu haben. Doch sie führen sich immer wieder ihre Talente vor Augen und arbeiten auf eine gute Balance zwischen ihren Stärken und ihren Begrenzungen hin. Sie machen sich bewusst, welche besonderen Talente sie haben, und pflegen sie. Verbringen Sie Zeit mit Aktivitäten, die Ihre Interessen und Stärken zum Ausdruck bringen. Das nährt Ihr körperliches und seelisches Wohlergehen und stärkt Ihr Bewusstsein, zu positiven Verhältnissen persönlich beizutragen. Dann kommen Sie viel leichter mit den Situationen zurecht, in denen Sie mit Ihren Schwächen und Empfindlichkeiten konfrontiert werden.

So ändern Sie ein negatives Weltbild

Unsere gesellschaftliche Realität macht es nicht gerade leicht, ein positives Weltbild zu bewahren oder darauf hinzuarbeiten. Schlagzeilen, Gerüchte und Neuigkeiten füttern uns überwiegend mit Negativem. Diese Häufung negativer Ereignisse und Bewertungen macht uns ungehalten, defensiv und ängstlich. Dabei verlieren wir aus den Augen, dass der Mitteilungswert gerade darin liegt, dass diese Ereignisse eben nicht der Normalfall sind. So entsteht leicht die Vorstellung, dass wir in einer Welt leben, in der *nur* Gewalt, Betrug, Korruption und

Egoismus herrschen. Wir gewinnen den Eindruck, dass es naiv und weltfremd wäre, etwas Positives zu erwarten oder zu glauben, dass es etwas bringt, sich anders zu verhalten.

Viele Menschen legen großen Wert auf eine gesunde Ernährung, weil sie davon ausgehen, dass es einen großen Einfluss auf unseren Körper hat, was wir zu uns nehmen. Die meisten kümmern sich aber weitaus weniger darum, welche geistige Nahrung sie sich tagtäglich ungefiltert zuführen und welche Wirkung diese in ihrem Denken und Fühlen entfaltet. Wir stopfen uns mit geistigem „Junkfood" voll und wundern uns, wenn wir uns ärgerlich oder deprimiert fühlen. Wie unser Körper, so verarbeitet auch unser Gehirn zuerst das, womit wir es füttern. Es geht nicht darum, Unglück und Schrecken zu negieren oder Einwände nicht zuzulassen. Aber wenn Sie sich einseitig mit dieser Seite beschäftigen, werden Sie mutlos, antriebslos oder zynisch – und es ändert sich nichts an den Problemen selbst. Erst wenn Sie sich bewusst machen, wie viel Positives es gibt, finden Sie den Schwung und die Möglichkeiten, an der Stelle etwas gegen Missstände zu unternehmen, an der Sie Einfluss haben.

Optimismus wird manchmal missverstanden als eine nette Zugabe, wie das Sahnehäubchen auf dem Erdbeerkuchen. Doch Optimismus ist nicht eine beliebige Zutat, er ist die Voraussetzung für positive Entwicklung: Er versetzt uns erst in die Lage, positiv zu handeln und zu wirken. Optimistisch sein bedeutet, angesichts von Schwierigkeiten, Ungerechtigkeiten und Leiden Hoffnung und Zuversicht zu haben und zu wecken. Kranke brauchen Hoffnung, damit Heilung oder Besserung überhaupt möglich ist. Benachteiligte brauchen genau wie diejenigen, die sich für sie einsetzen, die Zuversicht, dass die Verhältnisse sich ändern lassen. Ihren Optimismus zu stärken ist nicht nur wichtig, damit Sie sich besser fühlen, sondern auch, damit Sie in der Welt etwas bewirken können. Dazu müssen Sie denen entgegenwirken, die uns glauben machen wollen, dass es *keine* Lösung gibt, dass *alles* schlechter wird und *keiner* unbestechlich ist. Die Versuchung ist manchmal groß, einzustimmen in ihr Lied. Achten Sie bewusst darauf, wo negative Vorkommnisse verallgemeinert werden, und setzen Sie eine differenziertere Sicht dagegen. Es kann anstrengend sein, sich diesem Sog immer wieder zu entziehen. Doch die differenzierte Sicht der Dinge macht Mut und stimmt zuversichtlich. Nach Roger Crawford[35] haben Optimisten und Pessimisten eines gemeinsam: Früher oder später haben beide recht. Die Zwischenzeit macht den Unterschied aus: Wenn alles gut läuft, freuen sich die Optimisten, und die Pessimisten sind nicht unglücklich. Wenn die Dinge schlecht laufen, sind die Optimisten unzufrieden, die Pessimisten aber – statt sich zu freuen, dass sich ihre schlimmsten Befürchtungen bestätigen – sind noch unzufriedener. Fazit: Optimisten sind nicht immer froh, aber Pessimisten sind nie froh. Wofür entscheiden Sie sich?

Aktivieren Sie Ihren Humor

Resiliente Menschen sind in der Lage, sich selbst und alles, was das Leben ihnen beschert, mit Humor zu betrachten. Lachen befreit und schafft wohltuenden Abstand zu kleinen und großen Ärgernissen des Alltags. Mit einer heiteren Grundstimmung öffnen Sie sich die Türen für positive, bestärkende Erfahrungen, die wiederum die negativen in ihrer Gewichtigkeit und Tragweite relativieren.

Was bringt Sie zum Lachen? Wen haben Sie heute aufgeheitert? Entdecken Sie Ihre Quellen für Humor und Leichtigkeit. Spielen Sie! Nicht im ehrgeizigen Wettkampf, um zu gewinnen, sondern, indem Sie Dinge spielerisch tun. Das kann vom Kochen über Puzzeln oder Pflanzen alles sein, was nicht in erster Linie effizient und zweckdienlich sein soll. Genießen Sie es, sich ganz Ihrer Tätigkeit zu widmen. Nicht das Ergebnis zählt, sondern das selbstvergessene Tun.

4.2 Wege zu mehr Akzeptanz

Wir können eine Sache nicht verändern,
wenn wir sie nicht akzeptieren.

Carl Gustav Jung

Mehr Akzeptanz

- Geduld: Akzeptanz ist die Ernte – und die kommt zum Schluss.
- Phasen: Gefühlschaos und Desorganisation gehören dazu.
- Prinzip des Wandels – nichts lässt sich festhalten.
- Dauerbrenner Akzeptanz – welche Kröte(n) haben Sie noch zu schlucken?
- Ohne Wenn und Aber – Ecken und Kanten anderer akzeptieren.
- Meine, deine oder Gottes Angelegenheiten – wo mischen Sie mit?
- Selbstwahrnehmung – tatenlos zusehen, was in Ihnen vorgeht.
- Das Gute am Schlechten – Sie bekommen immer das ganze Paket.

So kommen Sie der Akzeptanz in Krisen näher

Gesamtgesellschaftlich hat sich der Trend verstärkt, Todesfälle, Schicksalsschläge und Krisen dadurch zu bewältigen, dass man möglichst schnell wieder zur gewohnten Tagesordnung übergeht. Menschen, die rasch weitermachen, als ob nichts geschehen wäre, gelten als besonders stabil und belastbar. Doch Krisen sind Erwartungsbrüche. Es ist etwas geschehen, das unser Denken und Fühlen erschüttert und für das wir keine Verhaltensgewohnheiten zur Verfügung haben. Wenn wir diese Erschütterung nicht zur Kenntnis nehmen, übergehen wir auf Dauer die notwendige Neuordnung unserer Gefühle und Gedanken. So verhindern wir den intensiven Prozess, durch den wir zu wahrer Akzeptanz gelangen können: die Realisierung und Verarbeitung des Geschehenen, die individuelle Anpassung an die veränderte Situation und die Integration in die Gesamtheit unserer Lebenserfahrungen.

Nicht umsonst haben alle Kulturen ihre eigenen Rituale entwickelt, um Tod und Trauer angemessen zu begegnen. Die Sterbeforscherin Elisabeth Kübler Ross hat in ihrer Arbeit mit Sterbenden und Trauernden beobachtet, dass es für die Verarbeitung existentieller Verluste einen natürlichen Prozess zu geben scheint, der in unterschiedlichen Phasen verläuft. Am Anfang steht in der Regel die Leugnung – man will das Ausmaß und die ganze Tragweite nicht wahrhaben. Das Leugnen schützt die Betroffenen, bis sie so weit sind, dass sie sich dem Verlust stellen können. Dem ersten Schock folgt meistens eine Flut unterschiedlicher Gefühle: Wut, Schuldgefühle, Angst, Erleichterung, Kummer. Zwischen Depression und Hoffnung mischt sich Trauer um all das, was verloren oder vorbei ist. Resigniert versucht man sich mit dem abzufinden, was nicht zu ändern ist. Die meisten Betroffenen können erst nach großer Verzweiflung und vielen Kämpfen schließlich die Realität bewusst annehmen und einwilligen. Viele gewinnen später die Erkenntnis, dass sie durch den Verlust etwas gelernt haben und bereichert sind.

Bei der Bewältigung existentieller Einschnitte gehört es demnach zum normalen Ablauf, dass Menschen ein Wechselbad von Gefühlen und Gemütslagen durchlaufen, bevor sie das Geschehene akzeptieren und ihren Frieden wiederfinden können. Akzeptanz ist also nicht einfach zu haben, sondern sie ist das Ergebnis intensiver innerer Arbeit. Verschaffen Sie sich in einer solchen Krise angemessene Rahmenbedingungen für diese Arbeit oder bitten Sie vertraute Menschen, dafür zu sorgen:

Schonräume:

Begeben Sie sich an einen geschützten Ort, wo Sie einfach *sein* können. Der geschützte Ort ist für manche ein bestimmter Raum oder ein Sessel, für andere ist es ein Platz in der Natur, in einem Park oder in einem Kloster. Manchmal genügt es schon, in Gedanken an diesen Ort zu gehen, um zu sich selbst zu kommen.

Menschen:

Manche finden ihren geschützten Ort in der Gegenwart bestimmter Menschen. Geduldige, einfühlsame Menschen, die Sie nicht zu etwas drängen, wozu Sie nicht oder noch nicht bereit sind. Menschen, die in Ruhe da sind und Sie auch alleine lassen, wenn Ihnen danach ist. Erlauben Sie sich auch, sich von Menschen zurückzuziehen, durch deren Gegenwart Sie sich belastet oder belästigt fühlen. Sie müssen nicht auf jede Nachfrage eingehen, nicht jeden Besuch empfangen und nicht jeden Anruf entgegennehmen, auch wenn es noch so gut gemeint sein mag. Sie brauchen Ihre Energie jetzt für sich und Ihre eigene Geschichte.

Zeit und Zeiten:

Nehmen Sie sich Zeit, die Realität nach und nach aufzunehmen. Gerade wenn Sie sehr eingebunden sind, reservieren Sie bestimmte Zeiten, in denen Sie ungestört Ihren Gedanken nachhängen und Ihren Gefühlen freien Lauf lassen. Wenn es Ihnen ansonsten hilft, sich zu beschäftigen und Ihren normalen Tagesablauf beizubehalten, sorgt diese Maßnahme dafür, dass Sie Ihren Verarbeitungsprozess nicht durch permanente Geschäftigkeit blockieren. Setzen Sie sich nicht unter Druck, ständig funktionieren zu müssen. Sie sind in einem Ausnahmezustand.

Geduld:

Auch wenn es paradox klingt: Versuchen Sie zu akzeptieren,

dass Sie vorläufig das Geschehene nicht annehmen können. Geben Sie die Hoffnung nicht auf, dass es unter Umständen eines Tages geht. Vielleicht können Sie auch die große Herausforderung unterteilen: Was davon kann ich jetzt schon akzeptieren? Was könnte ich vielleicht bis zum Sommer (bis zu meinem Geburtstag, bis zum Ende des Jahres) akzeptieren? Wofür brauche ich vermutlich noch länger Zeit?

So üben Sie eine akzeptierende Haltung im Alltag

Vergleichbare Prozesse durchlaufen wir auch in weniger existentiellen Krisen. Wie sehr eine Verlusterfahrung Sie mitnimmt, lässt sich im Voraus nicht sagen. Wir sind alle immer wieder mit kleineren und größeren Verlusten konfrontiert: Lebenspartner trennen sich, Kinder verlassen das Elternhaus, Freundschaften lösen sich auf, wir verlieren unsere Arbeit, unsere Jugendlichkeit schwindet, die Kräfte lassen nach, wir verlieren Geld, Eigentum oder das, was wir selbstverständlich für unser Recht hielten. Manchmal glauben wir schon die Krise zu kriegen, weil uns jemand die letzte Kinokarte oder den Parkplatz vor der Nase wegschnappt. Solche alltäglichen Vorkommnisse bieten Ihnen ein unerschöpfliches Übungsfeld, Ihre Bereitschaft zur Akzeptanz auszubauen: Wenn Sie nass geworden sind, wenn Sie im Stau stecken, wenn Sie einen lukrativen Auftrag nicht bekommen, wenn die Wühlmäuse Ihre schönsten Stauden angefressen haben – all das sind Gelegenheiten, diese Fähigkeiten für schwerwiegendere Herausforderungen zu trainieren. Wenn Sie andererseits verstehen lernen, dass Sie nichts im Leben festhalten können, und diese grundsätzliche Erkenntnis akzeptieren, ist der Weg gebahnt, auch in banalen Situationen des Alltags Akzeptanz hervorbringen zu können. Wir wissen nicht, wie lange wir und unsere vertrautesten Menschen leben. Krankheiten oder Unfälle können uns ereilen, und unsere heile Welt kann jederzeit in den Grundfesten erschüttert werden. Wer sich immer wieder bewusst macht, dass er solche Einschnitte nicht verhindern kann, lehnt sich bei banalen Ärgernissen viel weniger auf. Egal, wo Sie anfangen: Auf beiden Wegen entwickeln und stärken Sie eine akzeptierende Grundhaltung und erzeugen die entsprechenden Verhaltensweisen in konkreten Alltagssituationen. Seien Sie aufmerksam dafür, was Ihr nächster „Trainingsball" sein könnte, und spielen Sie ihn entsprechend zurück: Worüber regen Sie sich (immer wieder) auf, ohne dass Sie es ändern könnten?

So lernen Sie andere zu akzeptieren

Akzeptanz ist der Resilienzfaktor, den wir am meisten brauchen, wenn wir mit Dingen konfrontiert sind, die wir nicht ändern können. Ich erinnere mich an einen Film, in dem die Protagonistin immer prüft, ob es sich bei Vorkommnissen um „meine, deine oder Gottes Angelegenheiten" handelt, um dann angemessen reagieren zu können. Diese Unterscheidung verhindert, dass wir uns mit Dingen aufhalten, die wir nicht ändern können, andererseits aber auch, dass wir uns ungebeten einmischen oder aber resignierend laufen lassen, was wir sehr wohl beeinflussen könnten.

Im Umgang mit anderen Menschen zeigt sich Akzeptanz meistens nicht darin, dass wir etwas tun, sondern dass wir etwas lassen. Wir haben unsere eigenen Vorstellungen, was gut und richtig ist, und gezielte Erwartungen an andere, wie sie sich verhalten sollten. Wechseln Sie die Perspektive und versetzen Sie sich in die Lage Ihres Gegenübers. Aus der Sicht des anderen wirken die Dinge oft ganz anders. Oft fällt es uns umso schwerer zu akzeptieren, dass andere ganz anders denken, fühlen und handeln, als wir es gerne hätten, je näher sie uns stehen. Verhaltensweisen, die wir bei der jungen Kollegin mit freundlichem Verständnis oder auch Unverständnis hinnehmen, bringen uns bei der eigenen Tochter auf die Palme. Was wir dem Sportkumpel locker durchgehen lassen, zieht beim eigenen Partner eine Gardinenpredigt nach sich. Natürlich sind im Zusammenleben immer wieder die gemeinsamen Werte und Vorstellungen anzupassen und die Spielregeln auszuloten. Machen Sie sich aber bewusst, dass die Gefühle, Gedanken und Reaktionen anderer (auch die der eigenen Partner, Kinder und Eltern!) deren „Königreich" sind und zu den Dingen zählen, die Sie nicht ändern können. Es steht Ihnen auch nicht zu. Respektieren Sie die eigene Sphäre der anderen. Akzeptieren Sie, dass diese ihren eigenen Willen und ihren eigenen Persönlichkeitsstil haben. Vielleicht fällt es Ihnen leichter, wenn Sie sich ehrlich eingestehen, wie Sie selbst reagieren würden, wenn andere versuchen würden, auf die gleiche Weise auf Sie einzuwirken. Akzeptanz kennt kein Wenn und kein Aber. Nicht: „Wenn mein Chef mich bei wichtigen Entscheidungen mehr einbeziehen würde, dann ..." oder „Ich wäre bereit, ihr zu verzeihen, aber dann müsste sie erst ...", sondern: „Ich leiste meinen Beitrag und tue mein Möglichstes, damit unser neues System funktioniert" oder „Ich bin bereit ihr zu verzeihen" Punkt. Andere zu akzeptieren, ohne Bedingungen zu stellen – das schafft innere Unabhängigkeit, Versöhnlichkeit und Liebe. Wer sich als Person so angenommen fühlt, ist in seinem Selbstwertgefühl oft so bestätigt, dass er in seinem Handeln bereitwillig auch die Wertvorstellungen der anderen berücksichtigt.

So lernen Sie sich selbst zu akzeptieren

Viele meiner Teilnehmer in Training und Coaching bestätigen, wie schwer es ihnen manchmal fällt, zu akzeptieren, dass andere ihren Erwartungen nicht entsprechen. Die meisten können ihre individuellen „Akzeptanzbaustellen" benennen. Sie wissen, in welchen Situationen und gegenüber welchen Menschen es sich positiv auswirken würde, wenn sie deren Anderssein akzeptieren könnten. Und viele fassen klare Vorsätze und überlegen sich konkrete Schritte, wie sie diese akzeptierende Haltung erreichen und zeigen können. Besonders schwierig wird es für einige aber erst, wenn es um Versöhnlichkeit und Akzeptanz sich selbst gegenüber geht. Manche gehen streng mit sich ins Gericht, was ihre eigenen Schwächen oder Einschränkungen angeht. Andere haben sich noch nicht versöhnt mit ihrer Lebensgeschichte. Sie trauern ungenutzten Chancen hinterher oder sind verbittert über Entscheidungen, die sie gefällt oder auch nicht gefällt haben. Manche hadern damit, dass ihnen nicht alle Möglichkeiten in ihrem Leben offengestanden haben oder dass ihnen ihre Herkunftsfamilie bestimmte Dinge nicht bieten oder mitgeben konnte. Nicht wenige werten sich immer wieder selbst ab wegen angeblicher oder tatsächlicher Unzulänglichkeiten.

Selbstakzeptanz ist keine eitle Selbstgefälligkeit, die Schwächen und Probleme leugnet, Unzulänglichkeiten zudeckt und sich selbst nur im vorteilhaftesten Licht sieht. Die Voraussetzung dafür, sich selbst wirklich akzeptieren zu können, ist, sich selbst *wahr*zunehmen. Für *wahr* nehmen, was ich beobachte, bedeutet nichts anderes, als sich der *Wahrheit* zu stellen, dass es Anteile in meinem Fühlen, Denken und Handeln gibt, die ich am liebsten verdrängen würde. Manches an mir und in mir möchte ich vielleicht einfach nicht *wahrhaben*. Doch zu wirklicher Akzeptanz kann ich nur kommen, wenn ich zuvor ungeschminkt zur Kenntnis genommen habe, was es zu akzeptieren gibt.

Das erreichen Sie, wenn Sie immer einmal wieder innehalten, um zu sich selbst zu kommen. Eine verbreitete Meditationsübung regt an: Nimm dich aufmerksam – absichtslos – akzeptierend wahr. Aufmerksam heißt: konzentriert zu sein, sich von nichts ablenken zu lassen, immer wieder zur Selbstbeobachtung zurückzukehren, wenn die Gedanken abschweifen. Absichtslos bedeutet: auf jede Bewertung und Einflussnahme zu verzichten, den Atem kommen und gehen lassen, ohne ihn bewusst vertiefen oder verlangsamen zu wollen. Akzeptierend heißt: sich dem zuzuwenden, was ich an mir oder in mir ablehne. Es gehört zu mir. Es ist ein Teil von mir, der auch angenommen werden will. Wenn Sie sich regelmäßig Zeit für diese Übung nehmen, werden Sie vielleicht überrascht sein, wie „einfach" es ist, sich selbst näherzukommen. Vielleicht starten Sie am Anfang mit wenigen Minuten und steigern die Zeit nach und nach auf zwanzig Minuten. Oder Sie fangen damit an, sich einmal in der Woche dafür zurückzuziehen. Es lohnt sich. Sie lernen Ihre Gefühle, Gedanken und Bewältigungsstrategien von innen heraus kennen und gewinnen auf Dauer eine heilsame Balance zwischen einem naiv-selbstzufriedenen und einem überkritischen Umgang mit sich selbst. Eine gute Selbstwahrnehmung bewirkt, dass Ihnen im Alltag deutlicher bewusst wird, in welcher Verfassung Sie gerade sind. Sie erkennen, wann Sie sich beispielsweise Bedenkzeit nehmen sollten, weil Sie keinen klaren Gedanken fassen oder gar etwas Wesentliches entscheiden können.

Fahndungsziel: das Gute am Schlechten

In der energetischen Psychologie gibt es eine Methode[36], durch Klopftechniken körperliche Blockaden zu lösen, die auf der gedanklichen und emotionalen Ebene verursacht werden. Dazu muss man herausfinden, was genau die blockierenden Gedanken und Gefühle sind, um sie bearbeiten zu können. In der Regel wird als Erstes der Kernsatz „Auch wenn ich dieses Problem, diese Überzeugung oder diese ungeliebte Gewohnheit habe, liebe und akzeptiere ich mich voll und ganz" durch Klopfen verankert. Ziel dieser Vorarbeit ist es, die Existenz dieser Einschränkung anzuerkennen und sich gleichzeitig einzuprägen, dass sie ein Teil von uns ist und unseren Selbstwert grundsätzlich nicht in Frage stellen kann. Häufig wollen wir auf der bewussten Ebene etwas, während wir auf der unbewussten Ebene dagegensteuern. Innere Widerstände sind ernst zu nehmende Einwände und haben einen „guten Grund", auch wenn der tiefere Sinn noch verborgen ist. Das ist eine Grundannahme der humanistischen Psychologie und eine Voraussetzung dafür, sich selbst *mit* seinen inneren Widersprüchen zu akzeptieren. Erst wenn Sie Ihren inneren Widerstand gegen Ihre Vorsätze und Veränderungsabsichten wahrnehmen und anerkennen, statt ihn zu bekämpfen, können Sie herausfinden, was er Ihnen sagen will. Wer die positive Absicht hinter seinen Blockaden erkennt und ernst nimmt, hat die Chance, Wege zur Veränderung zu finden, die seine tieferen Bedürfnisse berücksichtigen, und muss sie nicht übergehen oder gar bekämpfen. Gerade durch Widerstände entwickeln Sie eigene kreative Wege und erreichen ein Gesamtergebnis, das Ihnen und Ihren individuellen Bedürfnissen unter Umständen mehr entspricht, als wenn alles von Anfang an glattgegangen wäre. Sich solche Erfahrungen in Erinnerung zu rufen, macht es leichter, Akzeptanz dem gegenüber zu entwickeln, was sich querlegt.

Die Fähigkeit, das Gute im Schlechten zu sehen, ist eine Grundkompetenz für mehr Akzeptanz, auch wenn es darum geht, andere Menschen oder Ereignisse zu akzeptieren. Üben Sie, in allem, was Ihnen zunächst schwierig und problematisch erscheint, auch zu erkennen, was das Gute daran ist. Machen Sie es zum Denksport. Entwickeln Sie ruhig den Ehrgeiz, in einer misslichen Lage oder einem problematischen Verhalten eines Mitmenschen mindestens drei Vorteile zu finden. Sie werden sehen, dass diese mentale Gymnastik Ihre neuronalen Netze und Denkmuster genauso trainiert wie Bewegung Ihre Muskeln. Wenn Sie sich angewöhnen, nach dem Guten im Schlechten zu fahnden, werden Sie lockerer, fröhlicher und regen sich viel weniger auf. Diese angenehme Begleiterscheinung bekommen Sie gratis dazu. Das heißt nicht, dass Sie es toll finden müssen, dass Sie Ihr Handy ausgerechnet dann vergessen hatten, als Sie die Autopanne hatten. Aber vielleicht haben Sie Hilfsbereitschaft erfahren, mit der Sie gar nicht gerechnet hätten – und die Sie sonst auch nicht erlebt hätten, weil Sie sofort Ihre Werkstatt angerufen hätten. Sie müssen es keineswegs rückhaltlos begrüßen, dass Ihre Eltern sich getrennt haben. Aber vielleicht hätten Sie sonst eine Seite Ihres Vaters nie kennen gelernt und die besondere Beziehung, die sich danach zu ihm entwickelt hat, nie erlebt. Jede Medaille hat zwei Seiten – und beide sind real. In komplexen Situationen gibt es meistens noch weitere Aspekte. So wie in allem Schlechten auch ein Gewinn steckt, so hat auch das Gute, das uns widerfährt, seine Nachteile. Ob etwas gut oder schlecht ist, ist eine Frage unserer Perspektive. Entscheidend ist, wie wir darauf reagieren. Resiliente Menschen akzeptieren, dass die Dinge nicht eindeutig sind. Sie versuchen, aus dem, was ihnen widerfährt, etwas Gutes zu machen. Jemand gründet eine gemeinnützige Stiftung, weil er sich aufgrund seines eigenen Schicksals den Auftrag gibt, etwas für Menschen in ähnlichen Situationen zu tun. Ein Ehepaar, das auf tragische Weise zwei Kinder verloren hat, engagiert sich in der Beratung und Begleitung verwaister Eltern. Eine Lehrerin versöhnt sich damit, dass ihr der Lebenstraum einer eigenen Familie versagt bleibt, und wendet sich in besonderem Maße Schülern aus schwierigen Elternhäusern zu. Auch wenn Sie harte Zeiten durchmachen: Grübeln Sie nicht immer wieder, was der Sinn sein könnte in dem, was Ihnen widerfahren ist. Schaffen Sie den Sinn selbst durch die Art und Weise, wie Sie darauf reagieren.

4.3 Wege zu mehr Lösungsorientierung

Es geht immer auch anders.
Thomas Mann

Mehr Lösungsorientierung

- Immer ein Haar in der Suppe – gesellschaftliche und individuelle Problemorientierung.
- Das große Klagen? – Raus aus der Problemhypnose.
- Der Stein des Anstoßes – kleine Ursache, große Wirkung.
- Ausrichtung der Aufmerksamkeit – die Lösung lauert überall.
- Statt Instantlösungen – Optionen schaffen und erweitern.
- Keine Ahnung? Wissen als Grundlage für Kreativität – neue Erfahrungsfelder durchforsten.
- Locker bleiben – so geben Sie Ihrem Unterbewusstsein eine Chance.
- Übung macht den Meister – Kreativität nutzt sich nicht ab.
- Glücksgefühle inklusive – kreativ sein macht gute Laune.

So üben Sie das Lösungsdenken

Problembewusstsein überwinden

Ob wir in unserer Wahrnehmung, in unserem Denken und Handeln mehr auf Probleme oder mehr auf Lösungen ausgerichtet sind, ist nicht nur eine individuelle Frage. Was uns tagtäglich in den Medien präsentiert wird und welche Grundstimmung gelegentlich deutlich spürbar ist, untermauert den Eindruck, dass gesamtgesellschaftlich die Problemorientierung dominiert. Artikel, Magazine und Diskussionsrunden beschäftigen sich überwiegend mit Verschlechterungen, Katastrophen und realen oder vermeintlichen Bedrohungen. Doch sind es gar nicht in erster Linie die Themen selbst, die ein einseitiges Problembewusstsein verursachen oder verstärken. Die Art der Darstellung und Auseinandersetzung damit betont Schwierigkeiten, Mängel oder die scheinbare Unvereinbarkeit von Positionen. Selbst hoffnungsvolle Inhalte wie Entwicklungen, Erfolge und positive Zukunftsszenarien werden ausgiebig problematisiert. Nicht wenige, die Innovationen und grundlegende Reformen fordern, geben sich selbst dagegen skeptisch und problembewusst. Pauschale Beanstandungen und zugespitzte Kommentare lassen häufig die Fähigkeit und auch die Bereitschaft zur differenzierten Betrachtung vermissen. Kritik verkommt zum Selbstzweck – dabei wäre es doch sinnvoll, auf Schwachstellen aufmerksam zu machen, um sie zu beheben.

Menschen und Gruppierungen, die unverzagt Probleme anpacken und Missstände beseitigen wollen, die sich für eine Idee begeistern und engagieren und die für wichtige Ziele auch das Risiko von Misserfolg oder Blamage eingehen, werden in diesem Sog der Problemhypnose oft genug als naiv und unkritisch belächelt. Statt ihre Energie aufzunehmen und sich an ihrer Strategie zu orientieren, kommentiert man ihre Einstellung und ihr Tun mit vermeintlicher Überlegenheit und einer gewissen Herablassung. Lösungsorientierung scheint eine Haltung zu sein, die zwar immer wieder gefordert wird, die tatsächlich aber dem gesellschaftlichen Trend eher zuwider läuft.

Lösungsorientierten Sichtweisen Aufmerksamkeit und Geltung zu verschaffen heißt also häufig, gegen den Strom zu schwimmen. Schulen Sie Ihre Sensibilität, damit Sie eine einseitige Problemorientierung in Beiträgen und Gesprächen wahrnehmen. Widerstehen Sie der Versuchung, auf der Welle des Jammerns und Kritisierens mitzuschwimmen. Arbeiten Sie auf eine wohltuende Balance hin, indem Sie gezielt einblenden, was an positiven Ansätzen und Arbeitsweisen möglich wäre. Stärken Sie Ihren Optimismus, dass die als negativ erlebten Verhältnisse veränderbar sind, und machen Sie sich und anderen bewusst, dass jeder zu positiven Veränderungen und Entwicklungen beitragen, sie vielleicht sogar initiieren kann. Üben Sie sich darin, zu erkennen, welche Gegebenheiten andererseits so sind, wie sie sind, und lernen Sie diese zu akzeptieren. So schaffen Sie mit einer starken optimistischen und akzeptierenden Haltung die Basis für eine grundsätzlich lösungsorientierte Ausrichtung.

Kleine Veränderung – große Wirkung

Die systemische Lehre definiert Lösungen als Veränderungen eines Teils eines Systems. Danach wirkt sich jede Veränderung auf andere Teile des Systems aus. Auf diese Weise kann schon eine kleine Änderung in der Einstellung oder im Verhalten einer Person dazu führen, dass sich das ganze System neu organisiert. Diese Auswirkungen zeigen sich unabhängig davon, *warum* ein Problem sich ergeben hat.[37] Jeder Beteiligte kann also an Lösungen mitwirken, indem er etwas verändert, das in seinem Einflussbereich liegt.

Sandras pubertierende Tochter Marie hinterlässt in den Augen ihrer Mutter überall in der Wohnung Unordnung und erledigt vereinbarte Haushaltspflichten nicht. Statt ihr wie bisher verärgert Vorhaltungen zu machen, sobald sie ihrer ansichtig wird, achtet Sandra jetzt darauf, dass sie erst einmal mit Marie über unverfängliche Themen ins Gespräch kommt. Aus dieser „kleinen" Variation ergeben sich eine Reihe von Veränderungen: Die Kommunikation zwischen Mutter und Tochter ist nicht mehr einseitig und überwiegend von ihren Differenzen bestimmt. Auf beiden Seiten lässt die Gereiztheit nach.

Sie können sich über ihre unterschiedlichen Vorstellungen von Ordnung und Verlässlichkeit unterhalten und Kompromisse anstreben. Sandra versteht besser, dass Maries Pflichtvergessenheit kein persönlicher Affront ist. Marie wird bereitwilliger, ihren Beitrag im Haushalt zu leisten, auch wenn sie gerade keine Lust dazu hat.

Wenn Sie die Initiative ergreifen, in einem problemrelevanten Muster Ihrer Kommunikation oder Ihrer Interaktion mit anderen irgendetwas zu variieren, wird das gesamte System darauf reagieren. Achten Sie darauf, was für ein Veränderungsprozess dadurch ausgelöst wird. Lassen Sie sich überraschen, wie Problemdenken und Problemverhalten sich zu Lösungsdenken und Lösungsverhalten wandeln können. Sie können natürlich weder voraussehen noch bestimmen, wie andere reagieren oder auf welche Weise das System sich wieder ins Gleichgewicht bringt. Deshalb ist es auch nicht sehr effektiv, vorab bis ins Kleinste die Probleme und ihre Ursachen zu analysieren. Da im zwischenmenschlichen Bereich ohnehin niemand genau vorhersagen kann, was die „richtigen" Maßnahmen sind, probieren Sie nach dem Prinzip von „Versuch und Irrtum" einfach eine kleine Abwandlung aus. Warten Sie ab, was passiert, und bauen Sie auf dem Ergebnis Ihre nächsten Schritte auf.

Erweitern Sie Ihr Spektrum von Methoden und Handlungsansätzen

Konzentrieren Sie sich auf das, was funktioniert, und lassen Sie alles sein, was nicht funktioniert. Natürlich sind wir in unserem Planen und Handeln auch bei Kommunikation und Interaktion nicht ausschließlich auf Versuch und Irrtum angewiesen. Lösungsorientiertes Vorgehen bedeutet in der Praxis, zu beobachten und zu erkennen, was (gut) funktioniert und was nicht. Dann liegt es nahe, all das verstärkt und häufiger zu tun, was zu erwünschten Ergebnissen führt, und alles zu unterlassen, was nicht (gut) klappt. Stattdessen tun aber viele Menschen „mehr und mehr desselben"[38], wenn sie nicht zum Ziel kommen. Sie treiben sich innerlich unnachgiebig an, zum Sport zu gehen; wenn sie es aber trotzdem nicht tun, beschimpfen sie sich selbst und gehen weiterhin nicht hin. Ändert ein Mitarbeiter auf ihre Kritik hin sein Verhalten nicht, äußern sie trotzdem immer weiter Kritik. Auch wenn ihr Partner ihnen nicht zuhört, reden sie dennoch weiter auf ihn ein und machen ihm weiterhin die gleichen Vorhaltungen. Wenn Ihre Vorgehensweise Ihnen nicht das bringt, was Sie damit bezwecken, hören Sie auf damit! Immer wieder Handlungsweisen zu wiederholen, die nicht zum gewünschten Ergebnis führen, verstärkt die Problemorientierung.[39] Richten Sie Ihre Energie lieber darauf, adäquatere Möglichkeiten zu finden und einzusetzen.

Andererseits müssen Sie nicht um jeden Preis und überall das Rad neu erfinden. Es ist wenig effizient, Vorgehensweisen zu ändern, die gut laufen, oder Verfahren umzukrempeln, die sich bewährt haben. Die Kunst der Lösungsorientierung besteht darin, unterschiedliche Möglichkeiten zur Verfügung zu haben und gezielt da einzusetzen, wo Sie eine Verbesserung für wünschenswert oder nötig halten. Voraussetzung dafür, das tun zu können, ist es, die Situationen und Kontexte zu analysieren, sich selbst und die Reaktionen anderer aufmerksam wahrzunehmen und zu evaluieren, welche Möglichkeiten sich wo bewähren. Schaffen Sie sich durch Beobachten, Ausprobieren und Auswerten im Lauf der Zeit ein Repertoire von bewährten und erdenklichen Lösungsstrategien. Trainieren Sie Ihre Fähigkeit, diese flexibel einzusetzen und gleichzeitig offenzubleiben für neue Varianten. Dieser Lernprozess führt nicht nur dazu, dass Sie mit aktuellen Problemen gut zurechtkommen, sondern bereitet Sie auch auf das Managen künftiger „Probleme" vor. So verbessern Sie Ihre Lösungskompetenz für die Zukunft.

So trainieren Sie optionales Denken

Wenn man in der Lage und bereit ist, mindestens drei Möglichkeiten zu denken, öffnet man den Raum für unzählige weitere Wege. Bei nur einer Möglichkeit sehen wir uns in einer Zwangslage, bei zweien sind wir in dem Dilemma, uns für das eine und damit gegen das andere entscheiden zu müssen. Erst ab drei Alternativen haben wir das Gefühl einer echten Wahl. Sich drei Möglichkeiten gleichzeitig vorzustellen, ist nur mit dem Denken der rechten Hirnhälfte möglich. Wir aktivieren damit also automatisch die Seite, die (weitere) neue Ideen hervorbringt. Je gravierender eine Situation für Ihr Leben ist, desto entscheidender ist es, sich möglichst viele Optionen vorstellen zu können. In Alltagssituationen lässt sich das leicht üben, indem Sie es sich zur Gewohnheit machen, erst eine gewisse Anzahl von Möglichkeiten zu sammeln, bevor Sie sich entscheiden. Wenn Sie spontan denken „Da kann man nur …" oder wenn Sie hören oder selber sagen „Wir haben keine Wahl!" oder „Da gibt es nur eine Lösung", sind das gute Impulse dafür, sich im optionalen Denken zu üben. Sie können mit sich selbst wetten, wie viele Alternativen Ihnen einfallen, wenn Sie sich erst einmal darauf einlassen.

Wenn Ihnen selbst nichts mehr einfällt, lassen Sie sich von Freunden, Kollegen oder anderen „Freiwilligen" anregen. Das können Sie real tun oder aber auch in Gedanken. Versetzen Sie sich in Menschen hinein, die ganz anders sind als Sie. Wie würden die reagieren? Oder erinnern Sie sich an die Helden Ihrer Jugend in Büchern, Comics oder Filmen. Was war deren Wahlspruch oder Motto? Was würde es bedeuten, wenn Sie diese Lebensweisheiten oder Wahlsprüche sinngemäß auf Ihre aktuelle Situation übertragen würden? Welche Ideen kommen Ihnen dann?

Spielräume für Lösungen

Lösungsdenken braucht Freiräume; in den engen Bahnen des reproduktiven Denkens fällt uns nicht viel Neues ein. Mit Vorgaben wie „Wir haben nur 20.000 Euro zur Verfügung!" bauen Sie sich selbst Hindernisse und Schranken für lösungsorientiertes Denken auf. Räumen Sie die Denkblockaden mit „Wenn das Geld keine Rolle spielen würde ..." aus dem Weg, um überhaupt zu Tage zu fördern, was Ihnen alles einfallen würde und worauf es Ihnen im Kern ankommt. Wenn der Ideenfluss erst einmal sprudelt, bieten die unveränderbaren Rahmenbedingungen neben anderen die Kriterien für die Wahl der Alternative. Diese Vorgehensweise macht einen großen Unterschied. Lassen Sie sich überraschen, wie viele Dinge Ihnen einfallen, wenn Sie erst einmal die Grenzen Ihrer gewohnten Denkblockaden überschreiten. Optionales Denken ist mit der ersten Ideenfindung nicht zu Ende. Weiterführende Fragestellungen wie „Was davon können wir verwirklichen, auch wenn wir nur 20.000 Euro€ haben?" halten die lösungsorientierte Denkrichtung aktiv. Spüren Sie Ihre vielleicht in Vergessenheit geratenen Ressourcen auf. Erschließen Sie sich neue. Und setzen Sie geeignete Ressourcen effizient ein. Auch das ist ein Akt, der optionales Denken erfordert. „Wie könnte das gehen? Was oder wen brauchen wir noch dazu?" oder auch „Wo und wie können wir mehr Geld herbekommen?" Jede neue Fragestellung kann wieder einen kreativen Ideenfluss in Gang setzen.

Fragen erzeugen Informationen

Fragen können Flügel verleihen. Mit der Art Ihrer Fragestellung steuern Sie, welche Antworten Sie bekommen und welche Sie nicht bekommen. Fragen eröffnen nicht nur neue Wahrnehmungsperspektiven, sondern konstruieren gleichzeitig eine neue Realität – eine Realität, in der Sie einen flexibleren Zugriff auf Lösungen haben. Die so genannte hilfreiche „Wunderfrage" im NLP[40] lautet: „Stellen Sie sich einmal vor, all Ihre Probleme wären gelöst. Sie könnten jetzt ein Leben führen, das genau so wäre, wie Sie es sich schon immer gewünscht haben. Woran würden Sie es im Alltag überhaupt bemerken?" Die Ideen, die als Antwort auf diese Frage entstehen, liefern Ihnen konkrete Ziele, die zeigen, worauf es Ihnen ankommt. Dann gilt es, herauszufiltern, was genau an diesen Zielen für Sie erstrebenswert ist, welche unterschiedlichen Wege es für Sie gibt, das zu erreichen. Treffen Sie dann eine klare Entscheidung, wie Sie weitergehen wollen, ohne den anderen Möglichkeiten nachzutrauern. Mit dieser Methode wird Ihnen bewusst, dass Sie immer eine Wahl haben. Die Wunderfrage setzt eine Denkweise in Gang, die Lösungen losgelöst vom Problem(denken) entwirft. Indem Sie diese Ziele verwirklichen, lösen Sie „Probleme", ohne dass Sie sich mit ihnen als solchen beschäftigten.

So steigern Sie Ihre Kreativität

Kreativität ist – wie oben bereits gesagt – nicht nur eine Voraussetzung für künstlerisches Schaffen, sondern auch eine Schlüsselfähigkeit für problemlösendes und reformerisches Denken. Wie wir an der spielerischen Kreativität von Kindern sehen können, bringen wir diese Kraft von Anfang an mit. Leider verlieren wir als Erwachsene häufig unter den Anforderungen des Alltags den Zugang zu dieser Gabe. Doch gerade in unserer sich rasch wandelnden Welt ist es (über)lebensnotwendig, diese Kraft zu entwickeln und zu formen. Wir können nur spekulieren, welche Kenntnisse und Fähigkeiten wir oder die nachfolgenden Generationen in der Zukunft brauchen werden. Mit Sicherheit aber wird die geistige Flexibilität dazu gehören, sich in seiner Umwelt immer wieder neu zu orientieren und sich schnell auf veränderte Verhältnisse einzustellen. Wenn Sie Ihre eigene und die Kreativität Ihrer Mitarbeiter, Kinder oder anderer Menschen in Ihrer Umgebung fördern wollen, tragen Sie dazu bei, dass die Grundvoraussetzungen dafür gegeben sind:

Erzeugen Sie ein Klima, in dem jeder ohne Angst vor Ablehnung oder Blamage unfertige Gedanken und ausgefallene Ideen äußern kann.

Schaffen Sie Raum und Einvernehmen, dass vielversprechende Ansätze erprobt werden, auch wenn der Erfolg nicht mit Sicherheit vorausgesagt werden kann.

Machen Sie sich und anderen Mut, auf breiter Basis und mit geeigneten Methoden nach Lösungen zu suchen, statt sich nur in eingefahrenen Bahnen zu bewegen.

Lösen Sie in Ihren Besprechungen für die Phase der Lösungsfindung die Sitzordnung auf. Wandern Sie im Raum, im Gebäude herum und/oder versammeln Sie sich stehend um ein Flipchart, um auf andere Ideen zu kommen. Lassen Sie sich überraschen, was Ihnen alles einfällt, wenn Sie sich (und anderen) eine Reifezeit für neue Lösungen gönnen, in der Sie sich mit anderen (angenehmen!) Dingen beschäftigen.

Wissen und Erfahrung

„Kreativität ist die Fähigkeit, Wissen und Erfahrungen aus verschiedenen Lebens- und Denkbereichen unter Überwindung verfestigter Struktur- und Denkmuster zu neuen Ideen zu verschmelzen."[41] Neue Ideen entstehen durch Phantasie und Vorstellungskraft. Lösungsorientierte Kreativität erfordert im Gegensatz zur spielerischen Kreativität aber auch Wissen und Erfahrung. Die meisten Erfinder und Entdecker kannten sich in ihrer Materie gut aus und haben sich intensiv mit einzelnen Fragestellungen beschäftigt. Wissen kann sich auf kreative Prozesse nur dann nachteilig auswirken, wenn es so spezifisch wird, dass es keine gedanklichen Umwege und Abwege durch assoziatives Denken mehr zulässt. Mit assoziativem Denken entdecken wir unbekannte und unbewusste Informationen und verknüpfen sie mit den bereits vorhandenen Erfahrungen. Wir stellen neue Zusammenhänge her zwischen Elementen, die vorher unvernetzt waren. Je größer die Grundlagen an vorhandenem Wissen sind, desto umfangreicher und zahlreicher sind auch die Möglichkeiten, daraus neuartige Einfälle und Erkenntnisse zu gewinnen. Menschen mit umfassendem Wissen und breitem Erfahrungsschatz haben daher ein größeres Potential zur Problemlösung. Je vielseitiger dieses Wissen und diese Erfahrung sind, umso kreativer können sie sein. Wer mehrere Ausbildungen durchlaufen hat, abwechslungsreiche Tätigkeiten ausübt oder sich in unterschiedlichen Kulturen bewegt, bringt ideale Voraussetzungen mit. Ob und wie jemand solche Vorteile nutzt, ist damit allerdings noch nicht gesagt.

Für die Entwicklung Ihrer Kreativität können Sie also Vielseitigkeit in Ihren Lebensumständen, Beschäftigungen und Interessen begrüßen und fördern. Jeder Mensch hat ganz einzigartige Kombinationen von Erfahrungsschätzen. Nutzen Sie alle Ihre unterschiedlichen Lebenserfahrungen für die Lösung aktueller Fragestellungen. Spielen Sie durch, welche Lösungen sich ergeben würden, wenn Sie Vorgehensweisen und Prinzipien eines Bereichs auf einen anderen übertragen. Sie können auch auf die Erfahrungen anderer zurückgreifen: Der Synergieeffekt lösungsorientierter Teamarbeit beruht darauf, dass das unterschiedliche Wissen und die verschiedenen Fähigkeiten aller zu neuen Ansätzen zusammengeführt werden, auf die keiner allein gekommen wäre.

Entspannung ist gefragt

Häufig wird verkannt und unterschätzt, wie grundlegend es für ausgewogene und effiziente geistige Prozesse ist, Entspannung zu erreichen. Was die Voraussetzungen für lösungsorientiertes kreatives Denken angeht, bewegt sich unser modernes Leben mit dauerhaft hohem Leistungsanspruch und Zeitdruck genau in die falsche Richtung. Damit unser Gehirn über seine gewohnten Denkbahnen hinausgeht und neue Assoziationen hervorbringt, braucht es Abstand von der Konzentration auf das Problem. Entspannung und zwanglose lockere Beschäftigungen lassen uns in die Denkfunktionen der rechten Hirnhälfte wechseln, die in der Lage ist, alle Informationen gleichzeitig zu verarbeiten. Da dieser Prozess im Unterbewusstsein abläuft, lässt er sich nicht bewusst beeinflussen, also auch nicht beschleunigen. Wenn wir die Geduld dafür nicht aufbringen, bleiben wir im konvergenten Denken der linken Hirnhälfte stecken. Die ist aber vor allem *bei der Umsetzung* der Lösung gefragt.

Im kreativen Denkprozess lassen sich vier Phasen beobachten: Vorbereitung, Reifezeit, Erleuchtung und Ausführung. In der Vorbereitungsphase machen Sie sich die Fragestellung bewusst. Wissen und Vorerfahrungen fließen zusammen. Sie sammeln weitere Informationen und setzen sich intensiv mit verschiedenen Aspekten des Problems auseinander. Danach ist es gut, das Problem erst einmal beiseitezulegen. Während Sie sich scheinbar geistig ausruhen, arbeitet Ihr Unterbewusstsein an dem Problem weiter. Dies ist die eigentliche schöpferische Phase, sie wird auch Inkubationsphase genannt. Irgendwann tritt der „Ahaeffekt" ein: Als ein Geistesblitz, ein unverhoffter Einfall, taucht plötzlich eine Lösung auf. Das geschieht in der Regel, wenn Sie ganz entspannt oder mit etwas anderem beschäftigt sind. Zündende Ideen kommen selten am Schreibtisch in der Hektik des Tagesgeschäftes.[42]

Viele Menschen haben die besten Einfälle in der Natur, unter der Dusche oder beim Autofahren. Welche typischen Situationen sind es bei Ihnen?

Wenn Sie Ihre Kreativität entwickeln wollen, vertrauen Sie Ihrem Unterbewusstsein und geben Sie ihm mit Zeiten der entspannten Ruhe und lockeren Beschäftigungen eine Chance! Um Ihre guten Ideen wahr werden zu lassen, ist planvolles, gezieltes Handeln nötig. In der Ausführungsphase beurteilen Sie wieder ganz gezielt die Brauchbarkeit der Lösung und durchdenken die praktische Umsetzung. Dazu gehört, die erforderlichen Ressourcen ausfindig zu machen und sich gegebenenfalls Unterstützung zu holen. Damit Ihre Kreativität sich optimal entfalten kann, braucht sie wie jede andere Fähigkeit Übung. Sie nutzt sich dadurch keineswegs ab, sondern funktioniert durch ständiges Training flüssiger und wirksamer. Menschen, die als sehr kreativ bekannt sind, haben Musikstücke, technische Erfindungen oder Prozessoptimierungen in erstaunlicher Zahl geschaffen. Schöpferisch tätig zu sein, Ideen zu suchen und sich in eine interessante Sache zu vertiefen erzeugt intensive Glücksgefühle, die der Glücksforscher Csikszentmihalyi[43] als Phänomen des *Flow* beschreibt: Trotz hoher Anspannung verspüren die Akteure keinerlei Ermüdung, sondern einen Zustand größter Zufriedenheit, der lange anhält. Unterstützen Sie die Entwicklung und Übung Ihrer Kreativität auch mit adäquaten Methoden wie Brainstorming oder Mindmapping.[44]

4.4 Wie Sie sich selbst besser steuern

Körper und Seele sind nicht zwei verschiedene Dinge,
sondern nur zwei verschiedene Arten,
dasselbe Ding wahrzunehmen.
Albert Einstein

Mehr Selbstregulierung

- Eins links, eins rechts – Seitenwechsel im Gehirn.
- Trampelpfad oder Autobahn – Zugänge zu Ihrem Unbewussten.
- Lebenserfahrung – spielend das Rechte tun.
- Mit links – Struktur im Gefühlschaos.
- Nüchterne Distanz – damit Leidenschaft keine Leiden schafft.
- Über Kreuz – Körperliche Bewegung für Geist und Seele.
- Zusammenspiel – Kooperation im Oberstübchen.
- Steine oder Schmetterlinge im Bauch – wie Ihr Körper Ihnen Bescheid sagt.
- Innerer Schweinehund gegen Lustprinzip – was Gewohnheiten ausmachen.
- Angezapft – wie Kraftquellen Ihren Stress wegsprudeln.

So können Sie sich selbst motivieren und beruhigen

Ich habe es schon mehrfach erwähnt: Unsere Wahrnehmung, unsere Entscheidungsprozesse und unser Handeln werden von zwei verschiedenen Systemen im Gehirn gesteuert. Das logische Denken spielt sich im Bewusstsein ab, während das emotionale Erfahrungsgedächtnis im Unbewussten arbeitet.

In Krisen und in schwierigen Problemlagen ist es besonders wichtig, beide Systeme so zu (be)nutzen, dass sie sich ergänzen und nicht widersprüchlich operieren. Resilienten Menschen gelingt es besser als anderen, Gefühl und Verstand in Übereinstimmung zu bringen und ihre Gesamtverfassung immer wieder wohltuend auszubalancieren.

Dominiert eine Seite zu stark, ist es von Vorteil, die jeweils andere gezielt zu aktivieren. Setzen Sie überwiegend auf Vernunft und klare Strukturen (linksdominant), bringen Beschäftigungen wie Malen, Tagträumen, Musikhören Sie in Balance. Sie bahnen oder verstärken den Zugang zu Ihrem emotionalen Erfahrungsgedächtnis. Auch alle Aktivitäten, die Sie so automatisch ausführen können, dass Sie dabei „ziellos" Ihren Gedanken nachhängen können, regen die Verbindung zu Ihrem Unterbewusstsein an. Finden Sie Ihre Favoriten heraus.

Wann haben Sie das letzte Mal gespielt? Spielen bedeutet, etwas absichtslos zu tun, nicht um ein Ergebnis zu erreichen, sondern weil die Sache an sich Ihnen Freude macht. Neben Spielen als solchen bieten sich dazu alle Tätigkeiten an, die Sie ausgesprochen gerne tun und die Ihre Phantasie anregen: kochen, Musik machen, Gartenarbeit, basteln oder etwas bauen. Es kommt nicht darauf an, *was*, sondern *wie* Sie es tun. Es kann passieren, dass Sie *Flow* erleben – Ort und Zeit vergessen. Immer wenn Sie selbstvergessen in einem Tun aufgehen, bieten Sie Ihrem Unbewussten einen Spielraum, in dem es sich entfalten und äußern kann. Je besser und regelmäßiger Sie Ihre Zugänge trainieren, desto leichter werden Sie diese auch nutzen können, wenn Sie durch hartnäckiges Problembewusstsein in Bedenken, Befürchtungen und unguten Gefühlen „festhängen". Ist das emotionale Erfahrungsgedächtnis aktiv, fühlen Sie sich wohl und entspannt. Ängste, Aufregung und Ärger flauen ab.

Wenn Sie dagegen überwiegend aus Ihrem unbewussten Erfahrungsgedächtnis heraus agieren (rechtsdominant), passiert es Ihnen wahrscheinlich häufiger, dass Ihre Vernunft von Gefühlen übermannt wird. Dann brauchen Sie Wege, die gezielt den Zugang zum bewussten Verstand bahnen. Dazu gehört alles, was es Ihnen erleichtert, emotionale Distanz herzustellen. Die Vorstellung, eine Situation durch ein Fernrohr zu betrachten oder wie einen Film auf einer Leinwand anzusehen, kann es erleichtern, die innerlich distanzierte Haltung eines objektiven Betrachters einzunehmen. Sie ermöglicht Ihnen, starke Gefühlswallungen zu überwinden und nüchtern die Tatsachen festzustellen.

Das emotionale Erfahrungsgedächtnis arbeitet wesentlich schneller als der bewusste Verstand, bringt jedoch diffusere Ergebnisse. Um für intuitive Entscheidungen eine Grundlage zu haben, brauchen Sie aber die Daten aus dem Vernunftgedächtnis. Je weniger Erfahrung Sie mit einer Materie haben, desto wichtiger ist es, Fakten, Vernunft und Logik für Entscheidungen heranzuziehen. Ins analytische Denken wechseln Sie auch, indem Sie Dinge, Fakten oder Begriffe ordnen und systematisieren. Auch Rätsel, Knobeleien und Denksportaufgaben, die eine eindeutige Lösung haben, unterstützen diesen Wechsel. Strukturen, die Ihr Denken in systematische Bahnen lenken, wie verbindliche Arbeitsabläufe und ein fester Tagesrhythmus, bieten Ihnen einen beruhigenden Rahmen für Ihre emotionale, spontane Seite.

Beide Denkfunktionen können Sie auch durch entsprechende Körperübungen stärken. Die Hirnhälften steuern die jeweils entgegengesetzte Körperseite, also der bewusste Verstand die rechte Körperhälfte, das emotionale Erfahrungsgedächtnis die linke. So können Sie mit allen einseitigen Bewegungsübungen vom Fußkreisen bis zum Spielen mit Handschmeichlern die entsprechende Denkfunktion gezielt anregen.

Koordinieren Sie Ihre Hirnhälften

Langfristige Vorhaben umzusetzen, knifflige Schwierigkeiten zu meistern oder einschneidende Veränderungen zu gestalten gelingt am besten, wenn Sie so zwischen Verstand und Gefühl pendeln können, dass beide sich ergänzen. Manchmal ist es aber gar nicht so leicht festzustellen, wie eine Entscheidung oder ein Vorhaben zustande kommen. Das bewusste Denksystem verarbeitet einzelne Fakten nacheinander. Die Informationen aus dem bewussten Denken lassen sich in Worten und Zahlen ausdrücken. Das unbewusste System ist in der Lage, Ihren ganzen Erfahrungsschatz und die Gesamtumstände gleichzeitig zu berücksichtigen. Es kommuniziert seine Botschaften über Gefühle und Körpersignale.[45] Um auf seine Weisheit und Erfahrung zugreifen zu können, müssen Sie lernen, diese Empfindungen zu deuten und zu berücksichtigen. Einwände und Warnsignale des Unbewussten erleben manche als das sprichwörtlich unangenehme Gefühl in der Magengrube, andere als Kloß im Hals oder als weiche Knie. Einverständnis und Bestätigung des Unbewussten können sich äußern als sich ausbreitende Wärme, als Lösen von Verspannungen oder als ein Stein, der vom Herzen fällt.

Lernen Sie wahrzunehmen, welche Signale Ihr Körper Ihnen sendet, und nehmen Sie seine Botschaften ernst. Nur ein Vorsatz, der von Ihrem bewussten Verstand wie auch von Ihrem unbewussten Erfahrungsgedächtnis getragen wird, ist stark genug, dass Sie auch größere Hindernisse überwinden und Durststrecken durchhalten. Für Ihre Selbstmotivierung ist es entscheidend, dass der Entschluss wirklich aus Ihnen selbst kommt und sich nicht aus Verpflichtungsgefühl, äußeren Zwängen oder Erwartungen anderer ergibt. Ob es Ihnen gelungen ist, bei einer Entscheidung beide Systeme zu koordinieren, zeigt Ihre Körpersprache: Ihre Haltung wird aufrechter und symmetrischer und Ihr Blick ist klar fokussiert.

Diese Integration zwischen bewusstem Wollen und unbewusstem Mögen können Sie auch auf körperlicher Ebene anregen und unterstützen, indem Sie in Bewegung kommen. Die mentale Verbindung der Hirnhälften wird besonders unterstützt durch alle Bewegungen und Tätigkeiten, die beide Körperseiten über Kreuz aktivieren und physisch die Koordination trainieren. Dazu gehören unter vielen anderen Gehen[46], Tai-Chi oder Klavierspielen. Wie wir Dinge subjektiv erleben und wie sehr wir uns davon beeinträchtigen lassen, ist auch abhängig von unserer körperlichen Verfassung. Unannehmlichkeiten, Nöte und Verluste treffen uns weniger, wenn wir uns körperlich fit und in unserer Haut wohlfühlen. Bewegung und Körperübungen wirken auch auf Ihr seelisches Gleichgewicht.

So entwickeln Sie mehr Selbstkontrolle

So regulieren Sie Ihre Gefühle

Resiliente Menschen nehmen ihre Gefühle differenziert wahr und finden Wege, sie offen und ehrlich, aber auch in angemessener Form auszudrücken. Spontan und authentisch zu sein ist nicht zu verwechseln mit unkontrollierter Impulsivität. Impulsivität mündet häufig in unbedachte Handlungen oder Äußerungen, die unangenehme oder ungewollte Folgen nach sich ziehen. Wenn die Pferde ungezügelt mit Ihnen durchzugehen drohen, halten Sie inne, bevor Sie sich selbst in Schwierigkeiten bringen.

So können Sie in akuten Situationen Ihre Impulse und Ihre Gefühlsäußerungen kontrollieren:

Schaffen Sie innerlich Abstand. Reagieren Sie nicht sofort, überlegen Sie einige Sekunden. (Beobachten Sie, wie weit Sie innerlich zählen müssen, um sich zu beruhigen.) Nutzen Sie Ihren Körper, um sich in eine andere Verfassung zu bringen:

Atmen Sie durch, ändern Sie Ihre Körperhaltung, bewegen Sie sich. Mit der körperlichen Entspannung löst sich auch der seelische Knoten.

Gönnen Sie sich Bedenkzeit, bevor Sie sich äußern oder handeln. Sie können das auch mitteilen: „Das will ich mir erst durch den Kopf gehen lassen!" (So können Sie übrigens auch provozierenden oder verletzenden Bemerkungen die Spitze abbrechen: „Interessante Sichtweise! Ich denke mal darüber nach.") Machen Sie sich bewusst, wie Sie auf andere wirken. Unbedachte Worte oder Gesten versteht Ihr Gegenüber unter Umständen anders, als es Ihnen lieb ist. Sie wollen vielleicht nur Dampf ablassen, Ihre Kollegin fühlt sich aber persönlich sehr gekränkt. Es ist meistens aufwendiger, das hinterher wieder zu bereinigen, als vorher zu überlegen, welche Botschaft Sie vermitteln wollen, und dafür eine Form zu finden, die unmissverständlich und nicht verletzend ist.

Entdecken Sie Ihre wunden Punkte

Um langfristig zu verhindern, dass Sie von Ihren Gefühlen überschwemmt werden, hilft es, diesen Gefühlen auf den Grund zu gehen. Wie gesagt: Gefühle sind Botschaften des Unbewussten. Es kann also nicht sinnvoll sein, sie zu unterdrücken, es gilt, sie wahrzunehmen und zu verstehen. Ihre Gefühle werden nicht von anderen oder von den äußeren Umständen erzeugt. Sie sind wie Ihre Gedanken ein Teil Ihrer selbst. Es hat also weniger mit dem Gegenüber oder der aktuellen Situation an sich zu tun, wenn wir emotional überschäumen. Es ist, als würden – wie bei einem Radio die Lautstärke – unsere Knöpfe hoch gedreht, weil wir an einem wunden Punkt getroffen sind. Jeder Mensch hat seine wunden Punkte, an denen er unabhängig vom Auslöser hochempfindlich oder besonders gereizt reagiert. Das kann bei Günter eine ironische Bemerkung über kleine Männer sein, während Angelika an die Decke geht, wenn sie glaubt, dass jemand sie belehren will. Unsere Empfindlichkeiten rühren in der Regel von früheren Erlebnissen und Erfahrungen her – und von den Schlussfolgerungen, die wir daraus gezogen haben. Diese Schlussfolgerungen haben wir zu tiefen Überzeugungen verallgemeinert, die uns oft nicht mehr bewusst sind. Bei Günter ist es vielleicht die Überzeugung, man würde nicht ernst genommen, wenn man von kleiner Statur ist. Angelika hat möglicherweise die Erfahrung gemacht, dass ihr Vater ihr wenig zugetraut hat. Immer, wenn jemand ihr unaufgefordert etwas erklärt, steigt dieses Gefühl in ihr hoch, für dumm gehalten zu werden.

Verschaffen Sie sich Klarheit darüber, welches Ihre persönlichen „Knöpfe" sind. Dafür brauchen Sie die Bereitschaft zur aufmerksamen und ehrlichen Selbstwahrnehmung. Machen Sie sich gedanklich klar, dass es in Ihrer Macht steht, auch anders darüber zu denken. In Günters Fall hat sein Gegenüber vielleicht gar nicht zur Kenntnis genommen, dass Günter selbst auch klein ist. Er wollte einfach unterhaltsam sein, und es lag ihm fern, Günter nicht ernst zu nehmen. Angelikas Kollege wollte ihr vielleicht nur ersparen, sich durch die Gebrauchsanweisung für den neuen Kopierer arbeiten zu müssen. Indem Sie Ihre Überzeugungen entsprechend der aktuellen Realität verändern, steuern Sie Ihre Gefühle und schaffen sich Alternativen für Ihr Handeln.

Entwickeln Sie Selbstdisziplin

Menschen mit Selbstdisziplin zeichnen sich dadurch aus, dass sie willens und in der Lage sind, ihre Impulse und Gefühle zu kontrollieren, ohne sie zu unterdrücken. Sie wissen zu verhindern, dass sie sich durch emotionale Ausbrüche selbst in Schwierigkeiten bringen. Sie verleugnen ihre Gefühle nicht, können die Form der Äußerung aber flexibel an unterschiedliche Menschen und Situationen anpassen. Sie können sich selbst trösten und beruhigen und sorgen durch den Wechsel ins bewusste Denken dafür, dass sie nicht im Schmerz versinken oder vor Ärger platzen. Damit schaffen sie sich die emotionale Grundlage, sich mit ihren Gefühlen auseinanderzusetzen. Starke Gefühle wie Trauer und Zorn lassen sich auf Dauer viel wirksamer verarbeiten, wenn Sie sich zwischendurch immer wieder den Dingen des Alltags zuwenden und das normale Leben nicht ignorieren.

Selbstdisziplin brauchen Sie auch, um Gewohnheiten zu entwickeln, die Ihnen im Endeffekt guttun und Sie entlasten. Für eine dauerhafte Veränderung reicht es nicht aus, einen Entschluss zu fassen und ihn einmal umzusetzen. Nicht Ihre einmaligen Handlungen machen den Unterschied, sondern Ihre Gewohnheiten. Sie sind die Stabilitäten in Ihrem Leben. Gewohnheiten entstehen, indem wir die gleichen Handlungen oder Denkweisen immer wieder aufführen, bis sie automatisiert sind. Untersuchungen haben erbracht, dass es ungefähr 21 Tage dauert, bis wir uns eine neue tägliche Gewohnheit zugelegt haben. So oft müssen wir das Neue bewusst tun. Je mehr wir unter Druck stehen, desto stärker greifen wir unbewusst auf automatisierte Vorgehensweisen zurück. Doch alles, was Sie automatisch tun, haben Sie irgendwann Schritt für Schritt gelernt, bis es für Sie zur Selbstverständlichkeit geworden ist. Auf dieselbe Art und Weise können Sie sich neue Denk- und Verhaltensgewohnheiten aneignen. Überlegen Sie, welche (tägliche) Gewohnheit Ihr Leben erleichtern oder bereichern würde!

So stärken Sie sich gegen Stress

Sicher sind Ihnen Entspannungstechniken zum Stressabbau bekannt. Autogenes Training, progressive Muskelentspannung, Meditation, Tai-Chi – es gibt unzählige verschiedene

Methoden, zur Ruhe zu kommen und Körper, Geist und Seele in Einklang zu bringen. Wie körperliche Bewegung wirken sie alle auch vorbeugend. Wählen Sie aus, was Sie persönlich anspricht. Je regelmäßiger Sie üben, desto selbstverständlicher und wirksamer können Sie die entsprechende Technik auch in akuten Stresssituationen einsetzen. Autogenes Training wirkt vermutlich nicht, wenn ich es zum ersten Mal auf dem Zahnarztstuhl probiere. Bin ich damit aber so vertraut, dass es mir in Fleisch und Blut übergegangen ist, kann ich damit auch bei einer Zahnbehandlung Anspannung und Angst deutlich mindern oder loswerden.

Zur Stressbewältigung ist es neben körperlicher Bewegung und Entspannungstechniken jedoch sinnvoll, da anzusetzen, wo krank machender Dauerstress entsteht. Die so genannten Stressoren umfassen sowohl äußere Gegebenheiten wie schädliche Umwelteinflüsse, Reizüberflutung und steigende Belastung als auch individuelle Faktoren wie körperliche Verfassung, eigene Überzeugungen und Denkgewohnheiten. Erwartungshaltungen und Anforderungen von außen lösen besonders in Verbindung mit einer entsprechenden Geisteshaltung bedenklichen und gefährlichen Dauerstress aus. Sie können Ihre Belastbarkeit und Stressresistenz erheblich steigern, indem Sie Ihren mentalen und seelischen Schutzschild gegen Stress entwickeln und pflegen.

Machen Sie sich bewusst, welche *Ihrer* Gedanken den Druck, den Sie spüren, erzeugen oder erhöhen. Die Ursache dieser Gedanken sind sehr häufig unbewusst wirkende Glaubenssätze über sich, über andere und über die Zusammenhänge in der Welt. Sind diese schädlichen Überzeugungen erst einmal ins Bewusstsein geholt, können sie auch verändert werden. Prüfen Sie, ob Sie Ihre Befürchtungen relativieren können. Bei manchen Vorkommnissen malen wir uns die Folgen schlimmer aus, als sie tatsächlich sind.

Da Stress sich kumulativ aufbaut, lohnt es sich auch, die kleinen Auslöser zu entschärfen, die das Fass zum Überlaufen bringen können. Üben Sie, die ironischen Bemerkungen des Kollegen nicht persönlich zu nehmen oder dem Vordrängler keine allzu große Bedeutung beizumessen. Spielt das nächste Woche oder nächstes Jahr noch eine Rolle? Achten Sie auf Menschen, die mit einer Belastung, die Sie umhaut, ganz gut fertig werden. Wie machen die das? Was denken sie über sich und die ganze Situation? Bevor Sie sich durch beunruhigende Gerüchte ins Bockshorn jagen lassen, durchdenken Sie nüchtern die ganze Geschichte. Ist sie wahr? Ist sie unumstößlich? Hat sie wirklich weitreichenden Einfluss auf Ihr Leben? Wenn Sie Ihre Gedanken zu stressauslösenden Ereignissen ändern, ändern sich auch Ihre Gefühle. Und das spüren Sie an Ihren Körpersignalen.

Wie Sie Ihre Kraftquellen auffüllen

Egal, wie gut es uns auch insgesamt gehen mag, wir kennen alle Phasen und Situationen, in denen wir auf Ermutigung, Zuspruch und Stärkung angewiesen sind. Rufen Sie sich immer wieder ins Bewusstsein, was Ihre Stärken, Talente und Ressourcen sind, statt sich davon verunsichern und beeinträchtigen zu lassen, was Ihnen alles fehlt. Ob gerade die Wogen des Lebens über Ihnen zusammenschlagen oder ob Sie in einem begrenzten Bereich den Mut zu verlieren drohen: Konzentrieren Sie sich auf die Inseln Ihrer Kompetenzen und Möglichkeiten, nicht auf das Wasser dazwischen. Sie tun sich schwer, so klar und beharrlich mit Handwerkern umzugehen wie Ihre Schwägerin? Vielleicht liegt Ihre Stärke darin, Menschen durch Freundlichkeit und Vertrauen zu „führen". Ihre erwachsenen Kinder verwöhnen Sie nicht, wenn Sie deprimiert sind, wie das die Tochter Ihrer Freundin tut? Vielleicht haben Sie ein gutes Händchen dafür, es sich selber schön zu machen. Oder Sie bringen sich gewöhnlich auf andere Gedanken, indem Sie sich ehrenamtlich engagieren, und nehmen daraus auch viel für sich selbst mit. Sie können Ihre Inseln vergrößern und vermehren, und doch wird es dazwischen immer Wasser geben. Es liegt an Ihnen, worauf Sie Ihre Aufmerksamkeit richten.

Wenn es sein muss, lassen resiliente Menschen sich auf vieles ein. Sie trauen und muten sich einiges zu und eignen sich oft eine ganze Reihe unterschiedlicher Fähigkeiten an, wenn ihre Lebenssituation es erfordert. Im Lauf der Zeit erweitern sie so das Repertoire ihrer Verhaltensoptionen und ihrer Fertigkeiten. Dabei merken sie manchmal nicht, dass einige dieser Fähigkeiten sie sehr viel Energie kosten, während sie andere aus dem Effeff einsetzen können, ohne sich erschöpft zu fühlen. Diese Eigenschaften nennt Martin Seligman „Signatur-Stärken"[47]. Es sind die Fähigkeiten, die uns so liegen, dass wir Begeisterung und Schwung, Freude und Befriedigung in unserem Tun finden. Wenn wir sie einsetzen, fühlen wir uns authentisch und mit unserem Selbst im Einklang. Vielleicht sind Sie auf einer Tagung oder einer Feier durchaus in der Lage, mit fremden Menschen locker in Kontakt zu kommen, freundlich zu plaudern und ein aufmerksamer Tischnachbar zu sein. Wenn Sie sich danach aber ausgelaugt fühlen, sich im Grunde genommen freuen, wenn es vorbei ist und Sie sich wieder zurückziehen können, gehört das nicht zu Ihren Signaturstärken.

Machen Sie sich die Mühe, Ihre Signaturstärken ausfindig zu machen. Verteilen Sie den Einsatz Ihrer Fähigkeiten so, dass Sie Ihre Signaturstärken möglichst oft einsetzen. Das lässt Ihren Energiepegel und Ihre Leistungsfähigkeit ansteigen. Sie fühlen sich viel seltener überarbeitet oder abgekämpft.

Es stärkt Ihre Resilienz, wenn Sie vielfältig und flexibel sein *können*. Das heißt aber nicht, dass Sie das immer sein *müssen*. Um Kraft zu tanken, ist es angeraten, möglichst oft das zu tun, was Sie ausgesprochen gerne tun. Meiden Sie Energieräuber – das können Menschen oder Situationen sein, bei denen

Sie merken, dass Sie Ihnen unangemessen viel Kraft rauben. Oder halten Sie diese Beschäftigungen zumindest in verträglichen Grenzen.

Machen Sie sich bewusst, was Ihnen in schwierigen Phasen am meisten „über den Berg" hilft. Nutzen Sie diese „Tankstellen" rechtzeitig. Ist der Energietank erst einmal fast leer, ist es sehr mühsam, ihn wieder aufzufüllen. Vielleicht kennen Sie die Erfahrung, dass Ihnen Dinge, auf die Sie sich normalerweise freuen, zur Last werden, wenn Sie sich überarbeitet und erledigt fühlen. Dann wird der Theaterbesuch zur Pflicht, die Geburtstagseinladung zur Anstrengung, die Verabredung zum Tennis zum zusätzlichen Termin. Untersuchungen zeigen, dass Menschen erholsame und vergnügliche Unternehmungen durch erhöhten Fernsehkonsum ersetzen, je mehr sie unter Druck stehen. Damit beschneiden sie immer mehr ihre Möglichkeiten, zu regenerieren. Sorgen Sie rechtzeitig für Ausgleich und Erholung. Tanken Sie in guten Zeiten auf, damit Sie in Krisen über die Runden kommen.

4.5 Wie Sie Verantwortung übernehmen

Tu, wo du bist, was du kannst,
mit dem, was du hast.
Theodor Roosevelt

Mehr Verantwortung

- Wer war das? – Wie die Schuldfalle zuschnappt.
- Pfeifen im dunklen Keller – warum Feindseligkeit krank macht.
- Was war zuerst, Henne oder Ei? – Verantwortung für Versöhnung.
- Übel mitgespielt? – Raus aus der Opferrolle!
- Am Steuer – so bestimmen Sie den Kurs.
- Wer keine Fehler macht, hat aufgehört zu lernen.
- Wiedergutmachung statt Entschuldigung.
- Herzklopfen und feuchte Hände – verlassen Sie Ihre Komfortzone.
- Keine Panik – wie Sie über Wasser bleiben.

So entgehen Sie der Schuldfalle

Krisen, Enttäuschungen und Schicksalsschläge gehören zum Leben und passieren jedem. Immer wieder zu grübeln, wer daran schuld ist, bringt Sie nicht weiter und raubt Ihnen die Kraft, die Sie brauchen, um konstruktiv reagieren zu können. Erst wenn Sie aufhören, sich selbst zu bemitleiden und anderen die Schuld für das, was Ihnen widerfährt, zuzuschieben, können Sie andere Perspektiven gewinnen.

Wenn Sie merken, dass Sie sich gedanklich und emotional in Schuldüberlegungen verstricken, unterbrechen Sie diese Grübeleien bewusst. Verändern Sie Ihre Körperhaltung und richten Sie Ihre Aufmerksamkeit gezielt auf etwas ganz anderes. Übernehmen Sie Verantwortung für sich und Ihre Lage, suchen Sie aktiv nach anderen Möglichkeiten und besseren Alternativen in Ihrem Leben. Treffen Sie eine definitive persönliche Entscheidung, ziehen Sie einen Schlussstrich unter das Gewesene zu ziehen und beschäftigen Sie sich mit neuen Perspektiven.

Üben Sie Versöhnlichkeit

Eine wissenschaftliche Untersuchung an nordamerikanischen Männern hat als Hauptursache für Herzinfarkte Unversöhnlichkeit in den sozialen Beziehungen ergeben.[48] Weil eine solche Haltung das Gefühl erzeugt, ständig bedroht zu sein, hebt sie dauerhaft den Adrenalinspiegel. Auch wenn diese Personen ständig auf der Hut sind und häufig aggressiv wirken, ohne dass jemand sie akut angegriffen hat, machen sie sich in Wirklichkeit zum Opfer ihrer Angst. Sie machen sich abhängig von vermuteten oder potentiellen Angriffen und von selbst erzeugten Feindbildern. Diesen Vorstellungen opfern sie ihre Gesundheit und ihr Wohlbefinden. Eine versöhnliche Haltung dagegen leugnet nicht naiv jede Möglichkeit der Bedrohung, sieht die Situation aber auch nicht schlimmer, als sie ist. Statt aufzurechnen, wer am meisten zu einer Problemlage beigetragen hat, und zu unterstellen, dass diejenigen das immer wieder so oder noch schlimmer tun würden, ergreifen versöhnliche Menschen die Initiative zur Veränderung. Sie sind bereit, erlittenes Unrecht ruhen zu lassen und dem anderen eine neue Chance zu geben.

Wenn Sie mit einer Situation unzufrieden sind, ergreifen Sie die Initiative, sie zu ändern, unabhängig davon, wie sie entstanden ist oder wer sie verursacht hat. Wenn das Klima zwischen einzelnen Kollegen oder im ganzen Team durch alte Geschichten und viele Empfindlichkeiten angespannt ist, pflegen

Sie unbeirrt einen freundlichen Umgangston. Wenn Sie mit Ihrer Freundin sprechen möchten, beharren Sie nicht darauf, dass sie an der Reihe ist anzurufen. Reichen Sie anderen die Hand. Machen Sie es ihnen leicht, nach einer Auseinandersetzung wieder mit Ihnen in neutralen oder positiven Kontakt zu kommen. Gehen Sie davon aus, dass Menschen sich ändern können, und geben Sie ihnen eine Chance dazu.

Ziehen Sie unter Unrecht und Unglück, das nicht mehr zu ändern ist, einen Schlussstrich, und hören Sie auf, sich immer wieder selbst mit Grübeleien zu quälen. Nehmen Sie die lebenslange Aufgabe an, sich mit Ihrer eigenen Biographie, mit Ihren persönlichen Unzulänglichkeiten und Fehlversuchen zu versöhnen.

Lena fühlt sich als einziges Mädchen von ihren vier Brüdern zeit ihres Lebens bevormundet und nicht ernst genommen. Noch mehr hadert sie damit, dass auch ihre Mutter immer die Brüder vorgezogen hat. Dennoch ist Lena diejenige, die sich im Alter intensiv um ihre Mutter kümmert, immer in der Hoffnung, die vermisste innige Beziehung doch noch zu bekommen. Doch ihre Mutter verweigert bis zu ihrem Tod die ersehnte Nähe, ihre Brüder behandeln sie immer noch wie ein kleines Schulmädchen. In der Therapie, die sie nach dem Tod der Mutter anfängt, wird ihr bewusst, wie sehr sie sich in ihrem Selbstwert und ihrem Wohlbefinden völlig von ihren Familienmitgliedern abhängig gemacht hat. Ihre tiefe Trauer um die verstorbene Mutter ist im Grunde Trauer um die Wunschmutter, die sie nicht hatte, und um ihre Sehnsucht nach inniger Verbundenheit, die sie in dieser Familie nicht erleben konnte. Lena fasst den aktiven Entschluss, sich endlich aus der Opferrolle zu lösen und ihre Bedürfnisse nach Nähe und Beziehung mit anderen Menschen zu leben. Heute fühlt sie sich in ihrer Hausgemeinschaft mit einem Paar und zwei Singles glücklich und geborgen.

So verlassen Sie die Opferrolle

Wenn Ihnen etwas so Gravierendes widerfahren ist, dass Sie sich als Opfer fühlen, betrachten Sie nach einer Verschnaufpause die Situation in ihrer Gesamtheit. Vorübergehend kann es in aktuellen belastenden Situationen sehr hilfreich und angemessen sein, Anteilnahme und Trost zu suchen. Das Ziel dahinter ist aber, dass Sie Atem holen können, die schmerzhaften Erlebnisse verarbeiten und zu neuen Taten finden. Machen Sie sich immer wieder klar, dass Sie alleine entscheiden, wie Sie auf das reagieren, was passiert. Sie brauchen sich nicht schlecht zu fühlen, nur weil jemand Sie kritisiert oder nicht einverstanden ist mit dem, was Sie tun oder sagen. Weder müssen Sie sich alles von anderen bieten lassen noch sich ärgern über das, was diese sagen oder tun. Das gilt auch für eigene Gedanken und Emotionen. Wie viel Leid oder Ärger Sie zulassen, ist immer Ihre eigene Entscheidung. Geben Sie Trauer Platz in Ihrem Leben und ihre Zeit(en). Dazwischen wenden Sie sich immer wieder bewusst anderen Dingen zu. So behalten Sie das Steuer in der Hand, und Sie werden die Trauer auf lange Sicht verarbeiten, statt sie zu verdrängen oder sich von ihr überwältigen zu lassen. Wenn Ärger hochkommt, fragen Sie sich, was wirklich dahintersteckt. Finden Sie heraus, was Sie an Ihren eigenen Reaktionen in der betreffenden Situation ärgert – nur die können Sie ändern. Wenn Sie sich immer wieder über die Unpünktlichkeit Ihrer Freundin aufregen, fragen Sie ehrlich, was Sie an Ihrer eigenen Reaktion ärgert. Vielleicht wurmt es Sie, dass Sie immer wieder warten, vielleicht ärgert es Sie, dass Sie sich selbst hetzen, um immer pünktlich zu sein. Was auch immer es bei Ihnen ist, wählen Sie eine andere Reaktion, die Sie zufriedener macht.

Wenn Ihr Verhalten anderen Schwierigkeiten bereitet, verzichten Sie darauf, Entschuldigungen zu äußern und trotzdem damit weiterzumachen. Wenn Sie bedauern, was für Konsequenzen es für andere hat, teilen Sie mit, dass Ihnen das leid tut. Und dann übernehmen Sie die Verantwortung dafür, ob Sie Ihr Verhalten ändern oder beibehalten wollen. Leiten Sie gemeinsame Überlegungen in die Wege, wie sich negative Folgen vermeiden oder abmildern lassen. Wenn Sie mit Ihrem gewohnten Repertoire nicht weiterkommen, probieren Sie neue Denk- und Verhaltensmuster aus. So aktivieren Sie Ihre innere Stärke und erhalten ein Gefühl von Kontrolle über Ihr eigenes Leben (zurück).

Entwickeln Sie eine produktive Fehlerkultur

Wie mit Fehlern umgegangen wird, ist häufig ein größeres Problem als der Fehler selbst.[49] Sie können nicht verhindern, dass Ihnen oder anderen Fehler oder Irrtümer unterlaufen oder dass Sie Rückschläge einstecken müssen. Betrachten Sie das nicht als Grund zur Entmutigung, sondern als Anlass für Lernen und Verbesserung. Prüfen Sie, ob es überhaupt angemessen ist, von einem Fehler zu sprechen. Manchmal lässt sich erst im Nachhinein erkennen und beurteilen, ob eine Entscheidung ein Fehler oder eine gute Lösung ist. Setzen Sie sich zum Ziel, aus jeder Situation etwas Positives zu lernen.

Schuldgefühle und Schuldzuweisungen führen meistens dazu, dass Fehler abgelehnt, gerechtfertigt oder abgestritten, im schlimmsten Fall vertuscht werden. Überlegen Sie mit allen Beteiligten gemeinsam, wie die Wiederholung des gleichen Fehlers verhindert werden kann. Sorgen Sie dafür, dass die entsprechenden Maßnahmen umgesetzt werden. Einen Fehler gemacht zu haben, ist kein Grund, sich selbst herabzusetzen. Übernehmen Sie Verantwortung für das, was Sie tun, ohne sich niederzumachen. Ist jemand durch Ihr Verhalten zu Schaden gekommen oder benachteiligt worden, versuchen Sie, den Schaden wiedergutzumachen oder so klein wie möglich zu halten, oder bieten Sie einen anderen Ausgleich an.

Werden Sie zum Gestalter Ihres Lebens

Wenn Sie Verantwortung für sich selbst übernehmen und Gestalter Ihres Lebens sind, werden Sie immer wieder die Komfortzone Ihres gewohnten Verhaltens verlassen. Die Komfortzone ist der Bereich unserer vertrauten und bewährten Reaktionen, mit denen wir so viel Erfahrung haben und deren Wirkung wir so gut einschätzen können, dass wir damit kaum ein Risiko eingehen. Damit können wir unseren normalen Alltag gut bewältigen; wir lernen allerdings nichts dazu. Richten wir uns aber auf Dauer in dieser Komfortzone ein, engen wir uns immer mehr ein und verlieren die Fähigkeit, uns auf Neues einzulassen. Wenn wir dagegen unsere bisherigen Lebenserfahrungen ignorieren und uns bedenkenlos in neue Verhaltensweisen stürzen, geraten wir leicht in die Panikzone. Dort ist der Stress so groß, dass er Lernen behindert, wir kämpfen dann vor allem ums Überleben. Zwischen Komfort und Panik liegt unsere Lernzone.

„Wer nicht schwimmen kann, sollte weder ins Tiefe springen noch den Pool vermeiden, sondern am flachen Ende reingehen und schwimmen lernen."[50] Trainieren Sie in ruhigen Zeiten Ihre Fähigkeit, dazuzulernen und sich auf Neues einzulassen, indem Sie sich selbst Aufgaben suchen und Vorsätze fassen, für die Sie Ihre Komfortzone aus eigenem Antrieb überschreiten. Schätzen Sie Ihre eigenen Möglichkeiten realistisch ein, aber setzen Sie sich wirklich eine Herausforderung, denn ohne Verunsicherung und Neuorientierung funktioniert kein Lernen. Ungewohntes, wirklich neues Handeln merken Sie an körperlichen Symptomen. Wenn das Leben Sie aus Ihrer Komfortzone herauszwingt, machen Sie sich bewusst, was Sie auf diese Weise schon alles gelernt haben, damit Sie die (vorübergehende) Verunsicherung einordnen und bewältigen können.

4.6 Wie Sie Ihre Beziehungen erfolgreich gestalten

Liebe ist der Entschluss, das Ganze eines
Menschen zu bejahen,
die Einzelheiten mögen sein, wie sie wollen.

Otto Flake

Mehr Beziehungskompetenz

- Der harte Kern – Tankstelle Familie?
- Beziehungsnetze oder im Netz der Beziehungen – wie viel Kontakt tut Ihnen gut?
- Verstehen ist der Anfang von allem.
- Nicht alle tun gut – von Mutmachern und Beziehungsvampiren.
- Überraschung! Das Gute kommt nicht nur von da, wo Sie es erwarten.
- Nur kein Neid – der Teufel steckt im Vergleich.
- Jeden Tag eine gute Tat? – Freiwillige vor!
- Was hinterlassen Sie? – Mentoren und Vorbilder

So optimieren Sie Ihre Netzwerke

Der innere Kreis – Pflegen Sie Ihre Familie

Das intimste Netzwerk ist das der Familie. Familie meint hier alle die Menschen, die Ihnen so nahestehen, dass sie eine entscheidende Rolle in Ihrem privaten Leben spielen. Das können auch persönliche Freunde sein. Diese Menschen lieben und akzeptieren Sie, obwohl sie Ihre Schattenseiten, Ihre Empfindlichkeiten und Ihre Ängste kennen. Sie wissen, wie Sie aussehen und wie Sie sich benehmen, wenn Sie ausgepowert sind und die Krawatte abgelegt oder die Pumps ausgezogen haben. In diesem Kreis ist es unerheblich, wie erfolgreich Sie sind, ob Sie modisch auf der Höhe sind oder rhetorisch beeindrucken können. Diese Menschen geben Ihnen persönlichen Rückhalt, weil Sie sich bei ihnen in jeder Lebenslage und jeder Verfassung aufgehoben und zu Hause fühlen können. Leider werden diese Beziehungen, gerade wenn sie gut funktionieren, oft vernachlässigt. So fällt der Schwimmbadbesuch mit den Kindern einem beruflichen Zusatztermin zum Opfer, am vorgesehenen Saunatag mit der Freundin werden liegen gebliebene Vorgänge bearbeitet, und der Restaurantbesuch mit dem Partner wird immer wieder verschoben, weil wir einfach zu kaputt sind. Sicher ist für die meisten von uns die Freizeit knapp bemessen. Umso wichtiger ist es, mit dieser Zeit so zu haushalten, dass die wichtigsten Beziehungen nicht auf der Strecke bleiben. Sonst bringen Sie sich nicht nur selbst um viele erholsame Erlebnisse, bei denen Sie zu sich kommen und auftanken können, Sie stellen auch die Menschen hintan, die Ihnen am meisten Rückhalt geben. Die tragen Ihnen das vielleicht nicht sofort nach, doch auf Dauer belastet es die Beziehungen und führt zur Entfremdung bis hin zur Auflösung des Netzwerkes Familie.

Der äußere Kreis – lose Kontakte?

In familiären Netzwerken besteht die Verbindung in erster Linie über die gemeinsame Geschichte, festgelegte Rituale und gegenseitiges persönliches Interesse. Auch wenn unsere privaten Netze intakt und erfüllend sind, brauchen wir weitere Kontakte, die unseren Interessen und unserer Lebenssituation entsprechen. Der innere und der äußere Kreis können und sollen einander nicht ersetzen, sondern ergänzen. Mit einer Reihe von Menschen haben Sie „zufällig" zu tun: der Bäcker um die Ecke, die Autowerkstatt, das Team vom Kopierladen, das Pflegepersonal im Altenheim, in dem Ihr Vater wohnt. Es erleichtert den Alltag und federt eine Menge Stress ab, wenn Sie auch diese Beziehungen so gestalten, dass sie angenehm und bereichernd sind.

Die meisten Netzwerke des äußeren Kreises bilden sich weniger über die einzelnen Individuen als vielmehr über ein bestimmtes Thema. Das kann Sport oder Musik sein, ein gemeinsames Interesse an Naturschutz oder Engagement in der Jugendarbeit, eine Lebenssituation, die man teilt, wie in der Selbsthilfegruppe für Suchtkranke oder in der Krabbelgruppe für den Sohn. Im beruflichen Bereich bestehen die Gemeinsamkeiten von Netzwerken in der Zugehörigkeit zu einer Berufsgruppe, in vergleichbaren Funktionen oder in gleichartigen Aufgaben und Zielvorstellungen. Diese themengebundenen Netzwerke sind eine Chance, mit unterschiedlichsten Menschen in Kontakt zu kommen, denen Sie sonst nicht begegnet wären oder mit denen Sie nichts verbinden würde. Wenn Sie sich darauf einlassen, erhalten Sie Einblick in ganz andere Lebensbereiche und lernen ungewohnte Sichtweisen kennen. Nehmen Sie diese Impulse auf und halten Sie Augen und Ohren offen für Fähigkeiten und Ressourcen der Menschen in Ihrem Umfeld. Bei solchen Gelegenheiten schulen Sie Ihre Menschenkenntnis und Ihre soziale Kompetenz, mit unterschiedlichsten Leuten umzugehen.

Die Dynamik lebendiger Netzwerke

Diese Netzwerke sind in der Regel nur so lange relevant, wie wir das Thema teilen. Natürlich entwickeln sich manchmal aus diesen Kontakten auch persönliche Freundschaften. Viele Freunde und Paare haben sich über Netzwerke oder gemeinsame Bekannte kennen gelernt. Ein vielfältiger Bekanntenkreis ist im Übrigen ein hervorragendes Netzwerk, das in dieser Zusammensetzung einmalig ist, weil die Gemeinsamkeit in der Verbindung zu Ihnen liegt. Netzwerken beschränkt sich nicht nur darauf, selbst Beziehungen aufzunehmen. Praktische Unterstützung besteht mitunter darin, die richtigen Menschen miteinander bekannt zu machen. Wenn Sie wissen, dass Frau Meyer gerade eine Wohnung sucht oder Ulrich eine Behandlungsmethode gefunden hat, mit der er seine Neurodermitis gut im Griff hat, können Sie fördernde Kontakte stiften und andere Menschen miteinander verknüpfen. So bekommen Sie wiederum positive Resonanz von anderen und können die Freude genießen, wenn Ihr Tipp etwas gebracht hat.

Akzeptieren Sie, dass es in fast allen Netzwerken eine gewisse Fluktuation gibt. Nur so bleiben sie lebendig. Nicht alle interessanten Kontakte sind dafür da, ein Leben lang zu halten. Zwar unterscheiden sich Menschen darin, wie viele und wie intensive Kontakte sie brauchen und verkraften, aber alle haben eine begrenzte Aufnahmekapazität. Ist unser Bedürfnis insgesamt gesättigt, fallen automatisch andere aus unserem Netz heraus, sobald wir unsere Kreise erweitern. Das gilt auch umgekehrt: Nur wenn Sie sich von Menschen auch wieder trennen, schaffen Sie Raum für neue Beziehungen. Die privaten Netze sind in der Regel mehr auf Dauer angelegt; dennoch trifft auch bei ihnen dieses Prinzip des Wandels zu. Kinder werden erwachsen, bringen neue Partner mit, Mitglieder sterben oder verlassen die Familie, weil sie sich von ihrem Partner trennen, neue Partner kommen dazu, enge Freundschaften lockern sich oder gehen zu Ende, andere entstehen oder blühen neu auf.

So erweitern Sie Ihre Kreise

Auf unterschiedliche Netzwerke und Personen zurückgreifen zu können ist ein wesentlicher Resilienzfaktor. Wenn Sie Ihre Netzwerke erweitern oder auffrischen wollen, achten Sie darauf, dass die neuen Kontakte in dieser Hinsicht eine Bereicherung darstellen.

Wenn Sie Menschen sympathisch finden: Ergreifen Sie die Initiative zu einem Gespräch oder einer Verabredung. Zeigen Sie Interesse! Kleine Gefälligkeiten, ohne eine Gegenleistung zu erwarten öffnen Türen, insbesondere, wenn sich darin etwas von Ihrem Interesse erkennen lässt. Weisen Sie per E-Mail auf ein bestimmtes Konzert hin, wenn der andere über diese Musikrichtung gesprochen hat. Je nach Reaktion könnten Sie noch anbieten, Karten zu besorgen. Trauen Sie sich auf der anderen Seite ruhig, um etwas zu bitten. Viele Menschen tun anderen gern einen Gefallen. Und Sie haben einen Anlass, sich zu bedanken. Lassen Sie in jedem Fall dem anderen die Freiheit, ob er auf Ihren Wunsch oder Ihr Interesse eingeht oder nicht. Nehmen Sie es nicht persönlich, wenn er distanziert bleibt. Das kann viele Gründe haben.

Sehen Sie sich gezielt um nach Leuten, die anders sind als Sie: Alter, Auftreten, Temperament, Beruf. Oft stellt sich erst bei näherer Bekanntschaft heraus, dass die Bereicherung gerade in dieser Unterschiedlichkeit liegt. Erwarten Sie nicht zu viel: Lose Bekanntschaften in Netzwerken können ihren Zweck auch erfüllen, ohne dass mehr daraus wird.

So komprimieren Sie Ihre Kreise

Um vielfältige und umfangreiche Netzwerke nutzen zu können, müssen die entsprechenden Kontakte regelmäßig gepflegt werden. Dafür müssen Sie Zeit und Mühe aufwenden. So interessant und wichtig unterschiedliche Kontakte für Ihre Resilienz sind: Überfordern Sie sich nicht. Achten Sie darauf, ab wann Umfang, Anzahl oder Ansprüche Ihrer Netzwerke zur Belastung werden. Wenn Sie in zu vielen Pötten rühren und sich mit zu vielen Kontakten verzetteln, geraten Sie unter Druck und werden trotzdem letztlich keinem wirklich gerecht.

Machen Sie eine Bestandsaufnahme Ihrer Kontakte und Netzwerke, indem Sie Ihre Adressdatei durchforsten. Sortieren

Sie als Erstes die Namen aus, mit denen Sie im letzten Jahr keinerlei Kontakt hatten. Markieren Sie dann die Namen, die bei Ihnen keine positive Reaktion hervorrufen. Hätte es wirklich unerwünschte Konsequenzen für Sie, sich von diesen Bekannten zu verabschieden? Die meisten Menschen haben solche Kontakte, von denen keine positiven Impulse mehr ausgehen. Wenn Sie diese weiterhin im Gepäck behalten, werden sie zu einer unangenehmen Verpflichtung, die Sie belastet, aber niemandem nutzt.

Für den Rest machen Sie eine Prioritätenliste: Über welche Kontakte freuen Sie sich am meisten? Welche finden Sie anregend? Wem gegenüber empfinden Sie positive Loyalität? Auf welche sind Sie angewiesen? Entscheiden Sie dann sehr bewusst, wem Sie Ihre (begrenzte!) Zeit und Energie widmen wollen. Vergessen Sie auf keinen Fall, vor allem Ihr engstes Netzwerk zu pflegen: die Beziehungen, die Ihnen wirklich am Herzen liegen. Von Zeit zu Zeit können Sie diese Überprüfung wiederholen. So führen Sie sich deutlich vor Augen, mit welchen Kontakten Sie sich belasten oder entlasten.

So entwickeln Sie Ihre Empathie

Um gut leben zu können, sind wir auf andere Menschen angewiesen. Wenn Sie sich mit dem Pflegepersonal Ihres Vaters anlegen, sich im Kopierladen aufspielen oder den Automechaniker herablassend behandeln, werden diese Leute Ihnen nicht viel Gutes wollen. Empathie ermöglicht uns, Respekt und Mitgefühl zu empfinden und zu zeigen. Sie ist eine wesentliche Voraussetzung dafür, Beziehungen aufrichtig und achtsam zu gestalten, und damit eine Basisfähigkeit für Resilienz. Auf ihrer Grundlage kann respektvolle und effiziente Kommunikation entstehen.

So wie Ihre Muskeln durch Konzentration und Ausdauer trainiert werden, so braucht auch Empathie beständige Übung im Alltag. Richten Sie in unterschiedlichen Situationen Ihre Aufmerksamkeit immer wieder bewusst darauf, nachzuvollziehen, was in anderen Menschen vorgeht. Stellen Sie durch Nachfragen sicher, ob Ihre Vermutungen zutreffen. Da es viel einfacher ist, empathisch zu sein, wenn wir mit anderen übereinstimmen, steigern Sie Ihr „Training", indem Sie es bewusst in Situationen üben, wo Sie verärgert, irritiert oder genervt sind.

Üben Sie Empathie auch sich selbst gegenüber, wenn Sie mit sich unzufrieden sind und sich innerlich zurechtweisen. So erfahren Sie den „guten Grund" hinter Ihren ungeliebten Verhaltensweisen und Gewohnheiten. Mit dem bewussten Üben erweitern Sie Ihre soziale Kompetenz. Sie bereiten den Boden für eine lösungsorientierte Haltung in Ihren Konflikten und schaffen die Voraussetzung für eine versöhnliche Haltung.

So erhöhen Sie Ihre soziale Flexibilität

Resiliente Menschen können unterscheiden zwischen Beziehungen, die ihnen guttun und solchen, die ihnen auf Dauer schaden. Sie sind in der Lage, zu differenzieren, ob eine Kritik sie weiterbringt oder ob sie nur geäußert wird, um sie schwachzumachen. Von Menschen, die ihnen nicht wohl gesonnen sind oder sie ausnutzen wollen, distanzieren sie sich, sind aber dankbar gegenüber denen, die sie unterstützen und fördern. Ob es um Netzwerke oder um Einzelpersonen geht: Behalten Sie im Auge, ob Nehmen und Geben in einem gesunden Verhältnis zueinander stehen. Lassen Sie Ihre Erfahrungen und Ihr Können Jüngeren oder Unerfahrenen getrost zugutekommen, ohne gleich eine Gegenleistung zu bekommen. Wenn Sie unter Druck stehen, gestehen Sie sich ruhig zu, mehr zu bekommen, als Sie in diesem Moment zu geben in der Lage sind. Aber achten Sie darauf, dass Zuwendungen und Unterstützung anerkannt werden und keine einseitigen Abhängigkeiten entstehen. Halten Sie auseinander, ob jemand bedürftig ist oder andere aus Bequemlichkeit einspannt. Zögern Sie nicht, deutliche Grenzen zu setzen, wenn Sie merken, dass Sie oder andere ausgenutzt werden.

Meiden Sie Menschen, die Sie verunsichern und Sie destruktiv kritisieren. Gerade wenn Sie in einer Krise stecken oder es Ihnen nicht gutgeht, sind Sie besonders anfällig für Entmutigung. Barbara Berckhan nennt solche Leute „Türmchenzerstörer"[51]. Sie sind wie Kinder, die selbst keine Türmchen bauen, sondern nur die der anderen kaputt machen. Bedanken Sie sich hingegen bei Menschen, die Ihnen nicht nach dem Mund reden, sondern Ihnen eine ehrliche Rückmeldung geben. Freuen Sie sich über ein wohlmeinendes Korrektiv. Wer kritisch ist, ohne zu entmutigen, bringt Sie wirklich weiter.

Manchmal schaffen wir es auch mit allen Mitteln nicht, dass Beziehungen sich so entwickeln, wie wir es uns wünschen. Wenn es Ihnen einfach nicht gelingt, ein inniges Verhältnis zu Ihren Eltern, Kindern, Geschwistern oder Jugendfreunden aufzubauen, dann beißen Sie sich nicht fest. Nehmen Sie Ihre Schwester, wie sie ist, und suchen Sie die Vertrautheit, die Sie so gerne hätten, bei einer Freundin. Wenn Ihr Vater Sie nicht so anerkennt, wie Sie es sich wünschen, dann seien Sie ruhig traurig darüber. Aber schätzen Sie es nicht gering, wenn diese Anerkennung von jemand anderem kommt, sondern nehmen Sie es dankend an. Lassen Sie sich überraschen, von wem Sie Trost, Zuwendung, Aufmunterung oder Ermutigung bekommen, wenn Sie bereit sind, es entgegenzunehmen.

Resiliente Menschen arbeiten kreativ mit dem, was ihnen zur Verfügung steht, statt sich von dem beeinträchtigen zu lassen, was fehlt. Wenn Sie keine Geschwister haben, dann wird es kaum Familienfeste mit großer Besetzung geben. Sie könnten die Gelegenheit nutzen und die ebenfalls kleine Familie Ihres Mannes dazu einladen. Ihre Unzufriedenheit entsteht, indem Sie sich vergleichen – dabei werden Sie immer Gründe für Frustration finden können. Kinderlose Paare beneiden Familien um ihre Elternaufgaben, Paare mit Kindern beneiden die anderen um ihre Freiheiten. Die erfolgreiche Bankerin gönnt ihrer Freundin ihre Freizeit nicht, die Freundin hält der Karrierefrau ihren Wohlstand und ihre gesellschaftliche Stellung vor. Resiliente Menschen trauern nicht dauerhaft dem hinterher, was sie unter den gegebenen Umständen nicht haben können. Machen Sie das Beste aus der Situation, die nun einmal die Ihre ist, statt begehrlich auf die andere Seite zu schielen.

So gestalten und steigern Sie Verbundenheit

Netzwerke sind nicht nur emotionale und praktische Stützsysteme, auf die man sich im Ernstfall verlassen kann. Es gehört darüber hinaus zu unseren menschlichen Grundbedürfnissen, uns einer Gemeinschaft zugehörig zu fühlen, Teil von etwas zu sein, das größer ist als wir selbst, und zur Verwirklichung von höheren Werten beizutragen. Gemeinschaften beruhen auf dem Prinzip der Gegenseitigkeit. Sie leben davon, dass alle sich nach ihren Möglichkeiten einbringen, ihren speziellen Beitrag leisten und dass alle etwas davon haben. Gegenseitigkeit bedeutet nicht, dass Sie immer an der gleichen Stelle in gleicher Währung zurückgeben. Sie bedeutet, dass Sie es da zurückgeben, wo es sinnvoll ist, der Situation und Ihren Möglichkeiten angemessen ist. Das schafft Verbundenheit über die aktuelle Situation hinaus.

Nehmen Sie vorhandene Netzwerke und Ressourcen auch wirklich in Anspruch. Nutzen Sie Ihre eigenen Ressourcen effizient, indem Sie sich auf das konzentrieren, was Sie wirklich gut können und wo Ihr Beitrag definitiv wertvoll ist. Holen Sie sich für den Rest praktische, konzeptionelle oder emotionale Unterstützung. Voraussetzung dafür ist, dass Sie Ihre Grenzen und Ihre Stärken und die der möglichen Mitstreiter kennen, wahrnehmen und wahrhaben. Erkennen Sie Ihren eigenen Beitrag zum Erfolg an *und* würdigen Sie die Unterstützung anderer.

Engagement und Gemeinsinn kann in vielen Formen vorkommen und viele Quellen nutzen und speisen. Wenn Sie sich für Kinder einsetzen wollen, können Sie das in vielfältiger Weise tun. Sie können ein Freizeitangebot für Kinder initiieren oder Kinder persönlich betreuen und fördern, Sie können in der Organisation eines entsprechenden Vereins mitarbeiten oder sich politisch engagieren, Sie können Geld sammeln oder Geld spenden. Prüfen Sie, was Sie wirklich anspricht. Halten Sie Ausschau, an welcher Stelle Ihre Beteiligung gefragt und von Ihnen gewollt ist. Nutzen Sie Ihre Signaturstärken, um sich sinnvoll und ökonomisch einzubringen.

Es stärkt Ihre Resilienz, wenn Sie interessante Menschen kennen, die vertrauenswürdig sind, die Ihnen Mut machen und Ihre persönliche Entwicklung fördern. Es stärkt Ihre Resilienz genauso, wenn Sie das für andere tun. Übernehmen Sie diese Rolle des ermutigenden und charismatischen Gegenübers, wo immer es sich anbietet. Jeder Mensch kann für andere Vorbild oder Mentor sein. Es ist eine Möglichkeit, Gutes, das Sie bekommen und erfahren haben, an anderer Stelle weiterzugeben. Zum Wohlgefühl anderer beizutragen ist ein Wunsch von Kindern (es macht sie stolz!) und Erwachsenen und macht höchst resilient.

4.7 Wie Sie mehr Einfluss auf Ihre Zukunft nehmen können

Was wir heute tun, entscheidet darüber,
wie die Welt morgen aussieht.
Marie von Ebner-Eschenbach

Mehr Zukunftsgestaltung

- Ballast oder Proviant im Rucksack?
- Denksport für den Ernstfall – Gedankenspiele.
- Nach den Sternen greifen.
- Fasson oder Philosophie – Ihre Zielbasis.
- Alles Einbildung? Zukunftsgestaltung – sind Sie im Bilde?
- Traumtänzer?
  Bekommen Sie was Sie mögen – und mögen Sie, was Sie bekommen?
- Sprinter oder Langstreckenläufer? – Mit langem Atem ins Ziel.
- Gut geplant ist halb getan.
- Nach dem Ziel ist vor dem Ziel.

Profitieren Sie von umsichtiger Vorbereitung

Das Leben ist ständig im Fluss, wir können nichts wirklich festhalten. Die Vergangenheit ist unwiderruflich vorbei. Selbst wenn die Probleme in der Gegenwart noch so groß sein mögen, Sie haben eine Zukunft. Die Vergangenheit mag Ihnen einige Steine für Ihren Lebensweg in den Rucksack gepackt haben. Doch sie hat Ihnen außerdem Proviant mitgegeben, denn sie ist auch die Schatzkiste Ihrer Erfahrungen. Sie haben die

Wahl, wie Sie mit den Erfahrungen und Erlebnissen der Vergangenheit umgehen wollen. Befassen Sie sich mit Ihren Potentialen, so werfen Sie Ballast ab und nehmen mit, was zukunftstauglich ist. Wenn Menschen im Rahmen der Gegebenheiten und ihrer persönlichen Ausstattung ihr Leben in dieser Weise gestalten, „dann befreien sie sich von Zwängen, verändern ihre Geschichte und eröffnen neue Chancen für sich und zukünftige Generationen".[52]

Vorbereitet zu sein bedeutet weder die Zukunft vorauszusagen noch sich durch voreilige Planungen festzulegen. Konkrete Planung ist erst sinnvoll auf der Basis von klaren Vorgaben und getroffenen Entscheidungen. Niemand kann die Zukunft vorhersehen. Wenn Sie jedoch innerlich vorbereitet sind, öffnen Sie die Tür für die Fähigkeit, mit den Wechselfällen des Lebens zurechtzukommen und für Ihre Zukunft das Beste daraus zu machen. Auf die absehbaren Veränderungen der normativen Krisen können Sie sich ziemlich genau einstellen. Sie wissen, wann Sie Ihre Ausbildung oder Ihr Studium beginnen und abschließen. Sie werden Ihre erste eigene Wohnung beziehen oder eine eigene Familie gründen wollen. Sie ahnen, dass es Ihnen im Alter schwer fallen wird, Ihren großen Garten allein zu pflegen und die steile Treppe zum Dachboden hinaufzuklettern. Sie rechnen mit der Möglichkeit, dass Ihr Partner stirbt oder Ihre Enkel ziemlich weit von Ihnen entfernt aufwachsen. Solche Wendepunkte zu durchlaufen, gehört zu den normalen Lebensaufgaben im Rahmen der persönlichen Entwicklung. Wenn Sie sich schon im Vorfeld Informationen dazu beschaffen, sich gedanklich damit auseinandersetzen und Optionen für Ihren Umgang damit entwickeln und reifen lassen, mindern Sie die Schwierigkeiten der Anpassung.

Doch nicht alle Veränderungen und Umbrüche sind so eindeutig vorhersehbar wie die normativen Wendepunkte. Es ist nicht unwahrscheinlich, dass im Laufe des Lebens Personen aus Ihrer näheren Umgebung ernsthaft erkranken, dass Sie sich von lieb gewonnenen Menschen verabschieden müssen und dass Sie gravierende Verluste oder Belastungen verkraften müssen. Darüber hinaus können nicht absehbare Ereignisse Sie jederzeit überraschend treffen. Bereiten Sie sich innerlich auf solche Einschnitte vor, indem Sie von Zeit zu Zeit gedanklich und emotional „Was wäre, wenn …?" spielen. Natürlich sind das Trockenübungen. Vielleicht kommt es ganz anders. Vielleicht fühlen, denken und handeln Sie im Ernstfall ganz anders, als Sie vorher gedacht haben. Konzentrieren Sie Ihre Überlegungen darauf, welche Möglichkeiten sich Ihnen im Fall der Fälle eröffnen und worauf Sie bauen könnten. Dann werden diese Gedankenspiele nicht zu belastenden Katastrophenszenarien, sondern erweitern Ihr Repertoire an Krisenmanagement. Gleichzeitig erschließen sie Ihnen mögliche Alternativen für Ihre aktuelle Situation. Die Antworten auf diese hypothetischen Fragen können aufschlussreich und beflügelnd sein, weil sie in jedem Fall neue Perspektiven für den aktuellen Zustand eröffnen.

Kerstin fällt zum Übungsbeispiel „Was wäre, wenn ich meinen Job verlieren würde?" spontan ein: „Dann würde ich eine kleine Pension eröffnen." Sie hat ein bestimmtes Haus vor Augen, malt sich lebhaft aus, wie sie ihre Gäste begrüßt und lebt bei dieser Vorstellung richtiggehend auf. Der Gedanke lässt sie nicht mehr los. Zwei Jahre später kündigt sie ihren stressigen Job als Einkäuferin und verwirklicht ihren Traum. Als Pensionswirtin hat sie das Gefühl, „angekommen zu sein". Für Kerstin war die Alternative eine wunderbare Lösung, obwohl der ursprüngliche Impuls, die damals befürchtete Kündigung, gar nicht eingetreten ist. Wir wagen manchmal nicht, Dinge, die uns erschrecken, überhaupt zu Ende zu denken. Auch Kerstin hat die Vorstellung, ihren Job zu verlieren, vorher so unter Druck gesetzt, dass ihr gar keine Alternativen eingefallen sind. Der Gedanke, dass etwas auf keinen Fall passieren darf, ist eine Blockade für die Entwicklung von Wahlmöglichkeiten. Auch wenn manches Unvorhergesehene schwer zu verkraften ist, erlauben Sie sich nach einiger Zeit die Frage, was gerade dadurch an neuen Möglichkeiten in Ihr Leben getreten ist. Eine gute Zukunftsplanung ist nicht nur eine Vorbeugemaßnahme gegen absehbare Schwierigkeiten, sie dient auch der Entwicklung von Alternativen, wie Sie künftig leben und arbeiten wollen.

Verleihen Sie Ihrer Lebensphilosophie Ausdruck

Menschen, die an einen Sinn in ihrem Tun glauben und in dem, was ihnen begegnet, eine tiefere Bedeutung sehen, gehen unbeirrt und gelassen in die Zukunft. Sie strahlen auch inmitten von Chaos und Unsicherheit eine stille Kraft aus. Im Rahmen von Maßnahmen zur Qualitätssicherung haben viele Unternehmen ein Leitbild entwickelt, das in Worte fasst, welcher Geist in diesem Unternehmen herrscht, welchen Werten es sich verpflichtet fühlt und welche Ziele es verfolgt. Genauso kann jeder Einzelne ein Konzept seiner persönlichen Lebensphilosophie entwerfen. Eine solche Selbstaussage bringt zum Ausdruck, in welche Richtung Sie sich persönlich entwickeln wollen, welche Werte und Prinzipien für Sie entscheidend sind und welche Beiträge und Leistungen Sie im Leben erbringen wollen. Ihre Lebensphilosophie ist die Basis für Ihre lebensbestimmenden Entschlüsse wie auch für Ihre alltäglichen Entscheidungen. Vor diesem Hintergrund werden Unbeständigkeit und Umbrüche von außen weniger bedrohlich, weil Sie unaufgeregt aus dem Bewusstsein einer grundsätzlichen inneren Haltung agieren können.

Allerdings macht es unser Lebensstil nicht leicht, sich seine Lebensphilosophie, seine Sehnsüchte und Träume bewusst zu machen. Wir müssen manchmal aussteigen aus dem Hamsterrad der Geschäftigkeit, um uns unserer selbst zu vergewissern. Manche halten regelmäßig Klostertage, andere begeben sich an einen stillen Ort oder auf Wanderung. Um (wieder)

Zugang zu Ihrem Inneren zu bekommen, lohnt sich ein gelegentlicher, besser noch ein regelmäßiger Rückzug. Wer seine Berufung und seine Talente kennt und ihnen folgen kann, gewinnt eine tiefe Gewissheit von der Stimmigkeit des Lebens, das er führt. Wer das nicht tut, wird immer wieder (vergeblich) versuchen, diese Leere zu füllen, denn wir sehnen uns nach dem, wofür wir gemacht und gedacht sind. Es ist eine Chance von schweren Krisen, dass sie uns zwingen, unsere Lebensziele zu überdenken und sie neu zu definieren oder zu bestätigen.

Der lange Weg von der Vision zum Ziel

Menschen sind als einzige Lebewesen in der Lage, Dinge, die noch gar nicht passiert sind, gedanklich vorwegzunehmen. Auf diese Weise wird alles zweimal geschaffen, zuerst im Kopf und dann in der Realität. Resiliente Menschen betrachten das Leben und die Zukunft als etwas, das (noch) zu gestalten ist. Wer gestalten will, der hat oder macht sich Bilder von dem, was er erstrebenswert findet. Kreatives Denken über das Gewohnte und Vernünftige hinaus schafft Ideen, die weit ausstrahlen. Stellen Sie sich Ihren Entwurf möglichst anschaulich mit allen Sinnen vor: die Menschen, die Orte, die Gefühle, alles, was ein Teil Ihres Lebens werden soll. Wenn Sie die Bilder Ihrer Lebensziele in sich lebendig halten, wird es Ihnen auch gelingen, jeden Tag Ihr Mögliches zu tun, damit sie wahr werden.

Formulieren Sie authentische Ziele

Diese Bilder und Träume sind der Stoff, aus dem Sie Ihre konkreten Annäherungsziele entwickeln. Überprüfen Sie immer wieder, ob sich darin Ihre Lebensphilosophie, Ihre Werte und

Prinzipien widerspiegeln. Erst wenn Ihre Ziele stimmig und authentisch sind, ist es an der Reihe, zu planen, mit welchen konkreten Maßnahmen sie verwirklicht werden können und welche Ressourcen Sie dazu brauchen. Nur wenn Sie mit Kopf, Bauch und Herz davon überzeugt sind, werden Sie langfristig die nötige Energie, Ausdauer und Geduld aufbringen, die Sie brauchen, um sie zu erreichen.

Doch einige Menschen wollen ankommen, ohne zu reisen.[53] Sie träumen zwar von vielfältigen Möglichkeiten und großen Erfolgen, sind aber nicht bereit, die dazugehörige Anstrengung auf sich zu nehmen. Andere verwechseln Aktivität mit Effektivität. Obwohl sie unermüdlich beschäftigt sind, kommen sie nie wirklich zum Ziel. Die Aktivitätsfalle beschert ihnen Pyrrhussiege: Sie klettern eifrig immer weiter die Leiter hoch und stellen dann fest, dass sie an der falschen Mauer lehnt.[54] Dann kommen sie vielleicht zu der bitteren Erkenntnis, dass sie sich für die falschen Dinge verausgabt haben. Sie haben für ihre Erfolge einen zu hohen Preis bezahlt. Was ihnen wirklich wichtig gewesen wäre, ist auf der Strecke geblieben. Sie haben viel Zeit, Geld und Energie in ihr Hobby gesteckt – und sehnen sich nach Erfüllung im Beruf. Sie strampeln sich ab, um Haus und Hof vorbildlich in Ordnung zu halten – und vermissen das Aufgehen in einem anspruchsvollen Projekt. Sie haben Familie und Freunde vernachlässigt, weil der berufliche Aufstieg immer Vorrang hatte – und stellen fest, dass sie sich bei niemandem wirklich zu Hause fühlen.

Setzen Sie Ihre Ziele konsequent um

Legen Sie also mit konkreten Maßnahmen erst los, wenn Sie Ihrem Ziel auch nach reiflicher Überlegung innerlich voll und ganz zustimmen. Kleine wie große Vorhaben werden über konkrete Tätigkeiten verwirklicht, die Schritt für Schritt zu diesen hinführen. Für alles, was Sie tun, können Sie sich immer aus den unterschiedlichsten Gründen entscheiden: was Sie gerne tun, was gut ankommt, was Sie immer getan haben oder was andere erwarten. Erst wenn Sie ein klares Ziel haben, ergeben sich daraus eindeutige Kriterien, nach denen Sie Ihre Tätigkeiten definieren und gewichten: Was Ihrem Ziel dient, hat oberste Priorität, was Ihrem Ziel nicht dient, ist nebensächlich oder überflüssig. Instrumente wie Ablaufdiagramme und Zeitpläne machen sichtbar, wie die Gesamtaufgabe eines größeren Zeitraums auf kleinere Einheiten verteilt wird: „Was kann ich diesen Monat/diese Woche/ heute für das Erreichen meines Ziels tun?" Jeder noch so kleine Schritt bringt Sie weiter, weil er in die von Ihnen gewählte Richtung führt.

Behalten Sie einen langen Atem

Bei allen größeren Vorhaben sind kontrollierbare und unkontrollierbare Kräfte im Spiel. Wenn Sie gut vorbereitet sind, sind Sie in der Lage, die unkontrollierbaren zu akzeptieren und zu kompensieren. Widerstände, Störungen und Rückschläge sind bei langfristigen komplexen Zielvorhaben ganz normal und gehören dazu. Stellen Sie sich darauf ein, dass Sie allerhand Umwege machen werden, und überlegen Sie sich schon im Voraus, wie Sie sich dann motivieren. Damit Sie bei Hindernissen und Rückschlägen nicht aufgeben, sorgen Sie immer wieder für positive Gefühle, indem Sie sich den Beitrag Ihrer Aktivitäten zu Ihren großen Zielen bewusst machen und sich auch für kleine Fortschritte belohnen. So erhöhen Sie die Zahl Ihrer Erfolgserlebnisse und ermutigen sich, weiterzumachen.

Nicht das, was Sie einmal tun, bringt Sie kontinuierlich Ihren Zielen näher, sondern das, was Sie gewohnheitsmäßig tun. Machen Sie sich effiziente Zwischenschritte zur Gewohnheit, damit Sie auf Dauer etwas erreichen. Ausschlaggebend ist nicht, wie andere es schaffen, sondern welche Vorgehensweise sich für Sie bewährt. Machen Sie sich Ihre persönlichen Erfolgsstrategien bewusst, sie bringen Sie in Kontakt mit Ihren speziellen Energiequellen.

Endlich am Ziel – und dann?

Der Triumph, am Ziel angekommen zu sein, verblasst in der Regel, manchmal sogar ziemlich schnell. Selbst wenn wir etwas lange ersehnt haben, verändert es nicht wirklich unser ganzes Leben, wenn wir es bekommen. Das tolle Gefühl, wenn Sie endlich in Ihr Traumauto steigen, legt sich nach einigen Wochen. Sie haben auf viel verzichtet, um diese Prüfung zu schaffen, und dachten, danach wird alles anders. Sie glaubten, wenn Sie endlich im eigenen Haus wohnen, wird sich ein ganz neues Lebensgefühl einstellen. Und dann stellen Sie ernüchtert fest, dass Sie auch im Traumhaus den Müll hinausbringen müssen und dass Sie nach der Abschlussprüfung immer noch viel am Schreibtisch sitzen. Ihr Alltag läuft im Grunde genommen nicht viel anders ab als vorher. Machen Sie sich bewusst, dass die Genugtuung und Befriedigung, am Ziel angekommen zu sein, in aller Regel vorbeigeht.

Doch die Schlussfolgerung, dass eigene Zielsetzung und Strebsamkeit sich gar nicht lohnen, greift zu kurz. Sie sind der Weg zu einem selbstbestimmten Leben. Es stärkt unser Selbstwertgefühl und macht uns stolz, zu erreichen, was wir uns vornehmen. Das trifft umso mehr zu, wenn uns diese Erfolge nicht in den Schoß gefallen sind und wenn sie unseren Wertigkeiten wirklich entsprechen. Die erreichten Ziele bilden die Basis, auf der wir weitergehen können. Wäre jedoch das damit verbundene Hochgefühl von Dauer, würden wir stehen bleiben. Erst wenn sich neue ungestillte Bedürfnisse, Sehnsüchte und Anliegen bemerkbar machen, bekommen wir wieder Motivation und Antrieb.

Schätzen Sie realistisch ein, was es für Sie und für andere Beteiligte bedeutet, wenn Sie Ihr Ziel erreicht haben. (Vor-)Freude und Glück erleben Sie nicht nur im kurzen Moment des Ankommens, sondern auch, wenn Sie unterwegs sind. Wenn Sie Sinn finden im Weg *und* im Ziel, werden Sie nicht alles dem erstrebten Endergebnis opfern. Feiern Sie gebührend Ihre Erfolge und erholen Sie sich von den Strapazen. Und seien Sie gewiss: Wenn Sie etwas erreicht haben, wartet die nächste Herausforderung. Lebensziele werden genau wie Resilienz nicht ein für alle Mal, sondern immer wieder erreicht.

Zum Schluss

Wir verlangen, das Leben müsse einen Sinn haben.
Aber es hat nur genau so viel Sinn, wie wir ihm geben.

Hermann Hesse

Sie werden immer wieder Kräften ausgesetzt sein, die Sie nicht kontrollieren können. Schwierigkeiten und Leiden gehören genauso zum Leben wie Erfolge und Freude. Statt sie um jeden Preis vermeiden zu wollen, ist es besser zu lernen, wie Sie damit umgehen und sich wieder davon erholen. Die Menschen, denen das gelingt, haben verstanden, dass man Resilienz lernen kann. Sie lassen sich von Unglück und Leid nicht dauerhaft in extreme Stimmungen und Haltungen drängen. Die Kunst der Resilienz beherrschen heißt aber nicht nur, den Zustand wiederherzustellen, in dem Sie einmal waren. Ihre Resilienz stärken heißt, immer mehr zu dem Menschen zu reifen, als der Sie gedacht sind. Dafür müssen Sie nichts ausmerzen oder unterdrücken. Sie brauchen nur zu aktivieren, was da ist, egal, ob diese Kräfte aus dem Ich kommen, von anderen Personen oder aus der Umgebung.

Wie Ihre Verhaltensweisen, so können Sie auch Ihre inneren Haltungen verändern. Doch es wäre eine Überforderung und wenig produktiv, alles gleichzeitig verändern zu wollen. Viel effektiver ist es herauszufinden, wie Sie welchen Faktor verändern können, um einen spürbaren Unterschied zu bemerken, und dabei anzufangen. Manchmal braucht man nur eine Schraube zu justieren, und das Ganze kommt ins Lot.

Resilienz muss in einem dynamischen Anpassungs- und Entwicklungsprozess immer wieder neu erworben oder aktiviert werden. Es geht weder darum, einem perfekten Modell von Resilienz nachzujagen, noch darum, durchgängig ideale Lebensumstände zu definieren und zu schaffen. Die Frage und Entwicklungsrichtung lauten vielmehr, wie jemand seine Stärke(n) nutzen und ausbauen kann, um mit *seinen* spezifischen Lebensumständen und seiner persönlichen Ausstattung gut leben zu können. Immer wenn äußere Umstände sich ändern, öffnen sich Fenster und Türen für persönliche Veränderungsmöglichkeiten. Um dann flexibel und adäquat reagieren zu können, brauchen Sie unterschiedliche Ansatzpunkte. Wählen kann nur, wer verschiedene Möglichkeiten zur Verfügung hat. Dafür ist die Bereitschaft notwendig, lebenslang dazuzulernen, immer wieder neue Erfahrungen zu machen und alte Muster zu überwinden.

Ich wünsche Ihnen, dass Sie Ihr persönliches Repertoire erweitern und Ihre individuelle Balance finden. Wenn Sie dafür ruhigere Zeiten nutzen, haben Sie gute Chancen, auch in den Wogen des Lebens ein Stehauf-Mensch zu sein. Dabei wünsche ich Ihnen viel Erfolg und guten Mut.

Inneres Leitbild eines Stehauf-Menschen

Wie hart es auch kommt, es geht vorbei. Wenn es noch so dunkel ist, ich habe die Gewissheit, dass es wieder hell wird.

Was ich nicht ändern kann, nehme ich an. Ob es um mich geht, um andere Menschen oder um die Verhältnisse, ich weiß, wie viel Geduld ich dafür brauche. Es kann dauern.

Meine Lösung muss nicht Deine sein. Ich wähle die aus, die mich von meinen eigenen und fremden Erwartungen, von Vorstellungen, wie es idealerweise sein müsste, befreit.

Ich erlaube mir, Zorn und Trauer zu empfinden oder Angst zu haben. Aber ich bin meinen Gefühlen nicht ausgeliefert. Ich gebe ihnen Raum und ich entscheide, wann es an der Zeit ist, wieder auf andere Gedanken und in andere Stimmungen zu kommen.

Ich übernehme die Verantwortung für mich selbst. Kein anderer bestimmt, was ich denke, fühle und tue. Ich bin Gestalter meines Lebens.

Ich bin nicht allein. Wenn ich nicht darauf beharre, von wem ich Hilfe erwarte oder anzunehmen bereit bin, werde ich offen für unerwartete Angebote. Es stärkt mich selbst, wenn ich im Leben anderer einen positiven Unterschied bewirken kann.

Was auch immer hinter mir liegt und wie schwer es auch gerade sein mag: Ich habe eine Zukunft, auf die ich mich innerlich vorbereiten kann. Meine Erwartungen färben das, was kommt.

Alles, was ich erlebt habe, ist mein Kapital, gehört zu mir und meinem Leben. Nicht alle Erfahrungen würde ich freiwillig wieder machen wollen. Ich möchte sie aber auch nicht missen, denn ohne sie wäre ich ein anderer. Was ich bin und wie ich noch werde, ist verbunden mit dem, was (ich) war.

Anmerkungen

[1] Welter-Enderlin, R./B. Hildenbrand (2006).
[2] Flach bezeichnet diese als „Bifurkationspunkte", die eine Lebensphase von der anderen trennen.
Flach, F. (2003).
[3] U. a. Werner, E./R. Smith (1992). Wenn Menschen trotz widriger Umstände gedeihen. In: Welter-Enderlin, R. & B. Hildenbrand (2006).
[4] Reivich, K./A. Shatté (2003).
[5] Brooks, R./S. Goldstein (2003).
[6] Reivich, K./A. Shatté (2003).
[7] Vgl. Kohärenz: In der Salutogenese gilt dieser Glaube an einen größeren Zusammenhang, an die (manchmal nachträgliche) Erklärbarkeit und Einordnung von Ereignissen als eine Voraussetzung für Gedeihen und Heilung. Schiffer, E. (2001).
[8] Covey, St. (2000).
[9] „Wir haben immer die Wahl der eigenen Haltung." (Viktor Frankl) Brooks & Goldstein (2003).
[10] Lösungsorientierte Beratung und Therapie geht vor allem auf die Schule von Milwaukee zurück, wo Steve de Shazer und seine Frau Insoo Kim Berg diese Prinzipien entwickelt haben.
[11] Bamberger, G. (2005)
[12] Ebd.
[13] P. Guilford (1950) unterscheidet zwischen konvergentem (linearem) und divergentem Denken. Edward de Bono nennt es „laterales Denken" (Querdenken). Kraft, U. (2004).
[14] Ebd.
[15] Watzlawick, P. (1997).
[16] von Oech, R. (1994).
[17] Martens, U./J. Kuhl (2004).
[18] Reivich, K./ A. Shatté (2003).

[19] In einer Studie hatten Probanden, die gravierendem Stress ausgesetzt wurden, ein fast sechsmal höheres Risiko im Laufe eines Monats eine Depression zu entwickeln. Brooks, R. & S. Goldstein (2003).

[20] Ebd.

[21] Ebd.

[22] „When you excuse your behaviour, it can keep you from trying to change it." Ebd.

[23] Müller-Ebeling, C./G. Steinke (2003).

[24] Covey, St. (2000).

[25] Leipziger Evolutionsbiologen fanden heraus, dass die besondere Intelligenz des Menschen gegenüber Affen im Lernen durch soziale Interaktionen begründet ist. (OV 29.09.07).

[26] Goleman, D. (1997).

[27] Ebd.

[28] Dr. N. Hallowell bezeichnet „Connectedness" als eine heilende Kraft. Brooks, R./ S. Goldstein (2003).

[29] Ebd.

[30] „Was uns hilft, resilient zu sein, ist, einen positiven Unterschied im Leben anderer zu bewirken." Ebd.

[31] Schiffer, E. (2001).

[32] Vgl. „Wohlformulierte Ziele" im NLP.

[33] „Learn the difference between planning and preparation." Crawford, R. (1998).

[34] Hoopes, L. & M. Kelly (2004).

[35] Crawford, R. (1998).

[36] EFT: Emotional Freedom Technique. Marx, S. (2006).

[37] Bamberger G. (2005).

[38] Watzlawick, P. (1997).

[39] Ebd.

[40] NLP (Neurolinguistisches Programmieren) ist eine Sammlung von Methoden für effektives Selbstmanagement und Kommunikation.

[41] Mehlhorn, J. (2006).

[42] Ebd.

[43] Plakos, W. (2001).

[44] Beim BRAINSTORMING werden Ideen unzensiert gesammelt. Eine Bewertung bringt den Ideenfluss schnell zum Versiegen und erfolgt deshalb als gesonderter Arbeitsschritt erst nach Abschluss der Sammlungsphase.
MINDMAPPING ist eine Aufzeichnungsmethode, die auf geniale Weise die Aktivitäten der rechten und linken Hirnhälfte unterstützt und verbindet. Sie erfasst durch Schlüsselwörter die individuellen Assoziationen zu einem Thema und dokumentiert gleichzeitig durch die Darstellung in einer Baumstruktur die Zusammenhänge.

[45] Storch, M. (2003).Storch nennt diese in Anlehnung an Antonio Damasio „somatische Marker".

[46] Gehen, walken oder laufen ist eine Frage der persönlichen Vorliebe. Bei Nordic Walking verstärkt sich der Überkreuzeffekt, weil zusätzlich Oberkörper und Arme intensiv in den Bewegungsablauf einbezogen werden.

[47] Seligman, M. (2005).

[48] Luskin, F. (2003).

[49] „In order to profit from your mistakes you have to go out and make some." Brooks, R. & S. Goldstein (2003).

[50] Ebd.

[51] Berckhan, B. (2001).

[52] Werner, E. (1992).

[53] Crawford, R. (1998).

[54] Covey, St. (2001).

Literatur

Bamberger, G. (2005³). Lösungsorientierte Beratung. Weinheim & Basel: Beltz.

Berckhan, B. (2001). So bin ich unverwundbar. München: Kösel.

Brooks, R./S. Goldstein (2003). The Power of Resilience. New York: McGraw & Hill.

Covey, St. (2000¹⁷). Die sieben Wege zur Effektivität. München: Heyne.

Covey, St. et al.(2001⁴). Der Weg zum Wesentlichen. Frankfurt & New York: Campus.

Crawford, R. (1998). How High Can You Bounce? Turn Setbacks into Comebacks. New York u. a.: Bantam Books.

Flach, F. (2003). In der Krise kommt die Kraft. Freiburg im Breisgau: Herder Spektrum.

Goleman D. (1997³). Emotionale Intelligenz. München: Dtv

Hoopes, L./M. Kelly (2004). Managing Change with Personal Resilience. Raleigh: MK Books.

Kraft, U. (2004). Küss mich, Muse! Gehirn und Geist 4/ 2004: Junfermann.

Luskin, F. (2003). Die Kunst des Verzeihens. Landsberg am Lech: MVG.

Martens, U./J. Kuhl (2004). Die Kunst der Selbstmotivierung. Stuttgart: Kohlhammer.

Marx, S. (2006). Neun Wege zur Freiheit. Persönliche Entwicklung mit Enneagramm und EFT. Kirchzarten bei Freiburg: VAK.

Mehlhorn, J. (2006) Kreativität – der Engpassfaktor unserer Zukunft. Kronberg: Webdownload.

Müller–Ebeling, C./G. Steinke (2003). Naikan. Versöhnung mit sich selbst. Bielefeld: Kamphausen.

Nuber, U. (1999). Das Konzept „Resilienz": So meistern Sie jede Krise. Psychologie heute 5/99: Beltz.

Plakos, W.(2001). Das Geheimnis des Flow. Landsberg am Lech: MVG.

Rampe, M. (2004).Das Geheimnis unserer inneren Stärke.Der R-Faktor. Frankfurt a. Main: Eichborn.

Reivich, K./A. Shatté (2003). The Resilience Factor. New York: Broadway Books.

Schiffer, E. (2001). Wie Gesundheit entsteht. Weinheim & Basel: Beltz.

Seligman, M. (2005). Der Glücksfaktor. Bergisch Gladbach: Bastei Lübbe.

Storch, M. (2003[3].Das Geheimnis kluger Entscheidungen. Zürich: Pendo.

von Oech, R. (1994). Der kreative Kick. Paderborn: Junfermann.

Watzlawick, P. (1997[16]). Anleitung zum Unglücklichsein. München & Zürich: Piper.

Welter-Enderlin, R. /B. Hildenbrand (2006). Resilienz - Gedeihen trotz widriger Umstände. Heidelberg: Carl Auer.

Informationen

**zu Angeboten des Resilienzzentrums
erhalten Sie unter:**

ADRESSE: Resilienzzentrum
                  Hasestraße 36, 49074 Osnabrück
TEL: 05 41 / 75 09 000
EMAIL: info@resilienzzentrum.de
WEB: www.resilienzzentrum.de

**zu Seminaren und Coaching von Monika Gruhl
erhalten Sie unter:**

ADRESSE: monikagruhl Seminare Coaching Mediation
                  Monika Gruhl
                  Marderweg 3, 49401 Damme
TEL: 0 54 91 / 50 37
EMAIL: kontakt@monikagruhl.de
                  mg@resilienzzentrum.de
WEB: www.MonikaGruhl.de
                  www.enneagramm-coaching.de

An diese Adressen können Sie auch Ihre Kritik,
Ihre Gedanken oder Ihre persönlichen Erfahrungen richten.
Ich bin neugierig auf Ihre Rückmeldung.